성경

이렇게 보면 된다

성경 이렇게 보면 된다

1판 인쇄일 2021년 11월 23일
1쇄 발행일 2021년 12월 7일

지은이 _ 정하윤
펴낸이 _ 한치호
펴낸곳 _ 종려가지
등록 _ 제311-2014-000013호(2014. 3. 20)
주소 _ 서울특별시 은평구 은평로 14길, 9-5
 전화 02. 359. 9657
디자인 _ 표지 이순옥
제작대행 세줄기획
 전화 02. 2265. 3749

ISBN 979-11-90968-29-4 03230

ⓒ 2021, 정하윤

성경
이렇게 보면 된다

정하윤 목사 지음

문서사역
|종|려|가|지|

차례

들어가면서 _ 7

성경 _ 13

관점 _ 21

성경뼈대세우기 _ 29

1. 구약역사서 _ 31

1) 창세기 2) 출애굽기 3) 레위기 4) 민수기 5) 신명기 6) 여호수아 7) 사사기 8) 룻기 9) 사무엘상 10) 사무엘하
11) 열왕기상 12) 열왕기하 13) 역대상 14) 역대하 15) 포로시대 16) 에스라 17) 에스더 18) 느헤미야

2. 구약시가서 _ 65

1) 욥기 2) 시편 3) 아가 4) 잠언 5) 전도서

3. 구약선지서 _ 73

1) 오바댜 2) 요엘 3) 요나 4) 아모스 5) 호세아 6) 미가 7) 이사야 8) 나훔 9) 스바냐 10) 예레미야
11) 예레미야애가 12) 하박국 13) 다니엘 14) 에스겔 15) 학개 16)스가랴 17)말라기

4. 중간시대 _ 97

5. 신약역사서 _ 101

1) 사복음서 2) 사도행전

6. 신약서신서 _ 109

1) 갈라디아서 2) 야고보서 3) 데살로니가전서 4) 데살로니가후서 5) 고린도전서 6) 고린도후서 7) 로마서
8) 에베소서 9) 골로새서 10) 빌레몬서 11) 빌립보서 12) 디모데전서 13) 디모데후서 14) 디도서
15) 베드로전서 16) 베드로후서 17) 요한일서 18) 요한이서 19) 요한삼서 20) 유다서 21) 히브리서

7. 신약예언서 _ 139

1) 요한계시록

적용 _ 143
1. 성경을 읽겠다는 생각 _ 145
2. 성경 읽는 것을 체계적으로 습관화함 _ 147
3. 내면 세계와 삶의 변화 _ 152

나오면서 _ 157

참고문헌 _ 163

부록 _
1. 성경읽기표 _ 168
2. 성경뼈대세우기 _ 별지

들어가면서

성경 읽기는 신앙생활을 하는 성도들에게 있어서 기본이다. 그럼에도 불구하고 성경을 이해하기 힘든 책으로 생각해서 열어보지도 않는 사람들이 의외로 많이 있다. 그들이 그러한 생각을 갖는 데는 나름대로의 이유가 있을 것이다. 성경을 여러 번 읽은 사람들도 무슨 말을 하는지 모르겠다는 소리를 한다. 또한 어떻게 읽어야 될지 모르겠다는 것이다.

「성경 맥잡기」의 저자인 맥스 앤더스(Max E.Anders) 목사도 위와 같은 경험을 하고 다음과 같이 고백하고 있다.

오래 전에, 나는 성경을 완전히 마스터해야겠다는 결심으로 창세기부터 요한계시록까지 통독할 계획을 세웠습니다. 그때 나는 성경을 완벽하게 깨칠 때까지 성경에서 손을 떼지 않을 작정이었습니다. 그러나 나는 기상천외한 이야기들과 발음하기조차 어려운 이름들, 띄엄띄엄 이어지는 줄거리, 풀 수 없는 의문들, 끝없는 족보들의 밀림 속에서 곧 절망하게 되었습니다. 나는 레위기에서 발가락이 채이고 욥기에서 발목이 삐고 전도서에서 머리를 부딪치고 하박국에서 진창에 곤두박질 쳤습니다. 마침내 나는 두 손을 번쩍 들고 말았습니다. 그리고 성경을 덮어 버렸습니다. [1]

1) Max E. Anders, 「성경 맥잡기」 박이경 역 (서울: 기독교문사, 1994), 13-14.

많은 사람들은 인류 최고의 베스트셀러인 성경을 한번 읽고 싶어 한다. 하지만, 수십 년 믿은 신앙인들조차도 성경을 끝까지 읽지 못하고 중도에 하차하는 경우가 많다. 아니면 부분적으로 취사선택해서 읽는 것으로 만족하는 경우가 없지 않다.

목적지를 가기 위해서 지도가 필요하듯이 성경을 읽기 위해서도 무턱대고 읽기보다는 간략하나마 성경에 대한 이해와 읽는 방법을 알고 시작을 한다면 훨씬 쉽게 접근 할 수 있을 것이다. 성경을 읽으라고만 할 것이 아니라 지도자들이 성경에 대하여 전체적으로 그림을 그려주는 것이 선행되어야 한다.

이렇게 함으로 성도들이 성경에 관심을 가지고 읽게 될 때에 그들의 믿음이 점점 자라게 될 것이다. 특히 유익 된 점은 개인뿐만 아니라 교회가 "하나님의 아들을 믿는 것과 아는 일에 하나가 되어 간다"(엡 4:13)는 것이다.

성경은 하나님과 하나님의 구원방법에 대하여 기록하고 있는 책이므로 부분적으로가 아닌 전체를 알아야 알 수 있는 책이다. 목회자들도 전체를 전해야 하며, 성도들도 편식하지 말고 골고루 섭취해야 한다. 그리할 때 하나님의 뜻을 바로 깨닫게 되리라고 본다.

그러기 위해서는 먼저 육신이 배고플 때에 음식을 찾듯이 영적인 배고픔이 있어야 한다. 교회가 그리스도인을 영적 잔치에 초대하여, 균형이 잡힌 메뉴를 제시하고, 매력적인 분위기와 효율적인 예배를 제공한다 하더라도, 그 사람이 배고프지 않으면 먹지 않을 것이다. 중요한 것은 목마른 사슴같이 하나님의 말씀에 대한 목마름이다.

또한 성경을 처음부터 끝까지 읽는 것이다. 편지 한 통을 읽더라도 처음부터 끝까지 읽어보지 않고서는 말하고자 하는 내용을 알 수 없는 것과 같이 하나님의 사랑의 편지인 성경도 처음부터 끝까지 읽어보아야 하나님의 뜻을 제대로 알 수 있다.

필자는 섬기는 교회에서 봄과 가을에 성경 일독을 위한 모임을 갖고 있다. 두 달에 성경을 일독 하는 모임이다.[2] 참여하는 사람은 대부분 따라 온다. 전체적인 틀은 물론 필자가 말하고자 하는 "성경뼈대세우기"로 한다.

2) 60일 동안, 하루 20장씩, 2시간 투자하는 것을 기본으로 한 것입니다. 그렇게 생각한 이유는 미국에서 세탁소를 경영하시는 분이 새벽 7시부터 밤 7시까지 일하면서도 성경을 두 달 동안 일독하시는 것을 보았기 때문입니다. 문제는 '내가 일하느냐' 가 아니고 '얼마나 여기에 헌신하느냐' 입니다.(이애실, 「어? 성경이 읽어지네!」(서울: 두란노, 2003, 성경읽기표. 참조.)

사진기로 찍은 필름을 가지고 있으면 언제든지 출력할 수 있듯이, 성경을 전체적으로 조망할 수 있는 그림을 머리에 입력해 놓으면 언제든지 활용할 수 있기 때문이다. 따라서 1주일에 1번씩 모여서 읽은 내용을 복습하고, 읽어야 될 내용을 예습한다. 그리고 전체 그림을 종이에 한 번씩 그려본다.[3] 이렇게 성경을 일독하고 있다.

3) 성경과 눈과 연필은 그리스도인이 성경 공부를 효과적으로 하기 위한 세 가지의 중요한 요소들이다: 성경; 모든 것이 기록되어 있으며, 풍성한 그리스도인의 생활을 위한 열쇠가 되기 때문이다. 눈; 성경을 소유하고, 존경하며, 때때로 참고하는 것만으로 충분하지 않다. 성경을 읽고, 또 읽고, 검토되고, 연구되어야 한다—육신의 눈과 영적인 눈으로. 연필; 지적 능력을 생각해 볼 때, 공부한 것을 글로 기록하는 것만큼 구체화시키며, 영속시키며, 오래 기억할 수 있게 하는 것은

없다.(어빙 젠센, 「독자적인 성경공부」 홍성철 역 (서울: 생명의 말씀사, 1993), 14. 참조.)

이것은 성경 읽기의 종교개혁이라고 볼 수 있다. 즉 오늘날의 한국 교회 상황에서 성경이 본래 의도하는 구조와 내용에 충실한 방향으로 돌아가자는 것이다. 성경에 성실하고 정직하자는 것이다. 성경은 구조적으로 이해를 해야만 한다. 그러기 위해서는 성경을 부분적으로 접근해서는 안 되며 전체적인 조망 하에 구조적인 연구가 이루어져야 한다. 다시 말하면 성경의 전체적인 구조를 먼저 숙지하는 것이 선행되면 기존의 어떤 방식으로 성경 읽기에 접근한다고 해도 문제가 없을 것이라는 것이다. 즉 입체적으로 보게 된다는 것이다.

이 책은 성경 읽기에 대한 하나의 시도이며, 실제적으로 도움을 주고자 하는 목적을 가지고 준비되었다. 예수 그리스도를 알지 못해 인생을 방황하는 사람들과 신앙생활을 하면서도 갈등을 느끼는 자들에게 조금이나마 도움이 되고자 성경신학 관점에서 나름대로 정리해 보았다. 성경은 전체적인 구조를 조망하면서 읽어야 이해가 잘 된다. 그러므로 망원경식으로 성격의 숲을 살펴보며, 구조(가로와 세로)를 통해 뼈대를 세우는데 초점을 두었기에 살을 붙이고(읽고, 묵상하고, 연구함), 삶에 적용하는 것은 각자를 향하신 성령의 나타남과 능력을 구하면서 개인의 몫으로 남겨 둔다.

성경

먼저 성경에 대한 개략적인 설명과 관점을 언급한 다음 전체구조를 조망한 성경 읽기[4]에 관하여 설명하고자 한다.

4) 필자는 이것을 '성경뼈대세우기' 라고 칭하고자 한다.(부록목차, 151. 참조.) 특정한 장소를 방문할 때 타워에서 바라보았던 전경이 도움이 되었다. 작은 광경들을 큰 광경에 연결시킬 수 있었다. 동일한 원리가 성경책을 읽는데 적용된다. 성경의 각 책에 깊이 파고들어서 세부 사항 하나하나를 분석하기 전에 그것의 전반적인 내용을 파악하는 데 더 많은 시간을 들이라. 전경(全景)을 파악하기 위해서 성경의 한 책을 선택하여 빠른 속도로 통독하라. 베스트셀러를 읽는 것같이 열심히 읽으라. 당신이 가지고 있는 그 성경은 베스트셀러보다 훨씬 좋은 책이다.(테리 홀 지음, 「성경을 좀 더 재미있게 공부하는 방법을 가르쳐 주세요」김옥현 옮김 (서울: 나침반, 1992), 66. 참조.)

성경은 전체가 66권으로 구성되어 있다. 옛 언약인 구약 39권과 새 언약인 신약 27권이다. 성경뼈대세우기에서 역사서는 파란색, 시가서와 서신서는 노란색, 선지서와 예언서는 빨간색으로 표시했으며, 성경을 구약과 신약 각각 3개로 구분했다. 구약은 역사서(모세오경[5] 포함) 17권과 시가서 5권, 그리고 선지서 17권으로 되어 있다.[6]

5) 성경의 처음에 나오는 다섯 권의 책, 즉 창세기, 출애굽기, 레위기, 민수기, 신명기를 유대인들은 토라(Torah)라고 부르는데, 이는 "법" 또는 "가르침"을 뜻하는 히브리어 용어이다. 70인 역의 번역자들은 이 묶음을 오경(Pentateuch)라고 불렀는데, 이는 "다섯 권의 책"이라는 뜻이다. 헬라어 펜타(Penta)는 "다섯"이고 튜코스(teuchos)는 "책"이다.(토마스 넬슨 출판사 엮음, 「손에 잡히는 넬슨 성경개관」 김창환 옮김 (서울: 죠이선교회, 2008), 14. 참조.)

6) 구약은 39권의 책을 모은 것이다. 이 책들이 배열된 순서는 저작 연대나 취급하는 내용의 연대에 의해서가 아니라, 문학적 양식에 의하여 결정되었다. 구약은 크게 세 유형의 문학이 있다. 역사, 시가 및 예언이다. 히브리인들의 성경과 지금 우리가 갖고 있는 성경은 구약의 책들이 배열된 순서가 서로 다르다. 우리 성경은 주전 2세기에 희랍어로 번역된 70인역의 배열을 따르고 있다.(죤 스토트, 「성경연구입문」 최낙재 옮김 (서울: 성서유니온, 1989), 63. 참조.)

신약은 역사서(사복음서 포함) 5권과 서신서 21권, 그리고 예언서 1권으로 되어 있다.[7]

7) 어빙 젠센이 지은 "당신의 성경을 즐겨라"라는 책 19-20페이지에 나타난 역사적 개관 챠트를 참조했음.(Irving L. Jensen, 「Enjoy Your Bible」(chicago: moody press, 1979), 19-20. 참조.)

이것을 기억하기 쉽게 삼 구 이십칠로 외운다. 다시 말해 구약 39권, 신약 27권 도합 66권이다. 이것을 더 분해한 것을 장이라고 하는데 장으로 말하면 1,189장이 된다. 구약이 929장, 신약이 260장이다. 이 장수를 알고 있으면 성경을 일독하는 데 걸리는 날수를 계산할 수 있다.

구분	구약	신약	비고
파란색	역사서(17)	역사서(5)	
노란색	시가서(5)	서신서(21)	
빨간색	선지서(17)	예언서(1)	
3중 구조	39권	27권	합 66 권

성경은 약 1,600여 어간에 걸쳐 기록되었으며, 저자의 수만도 약 40여명에 이른다. 이러한 다양함 속에서도 통일성을 이루고 있다.[8]

8) 하나님께서는 자신을 열어서 보여주셨습니다. 사람에게서 출발된 신인식이 아니라, 하나님에게서 출발한 신인식입니다. 이 개념을 계시라는 말로 씁니다. 그런데 하나님께서는 어느 날 갑자기 어느 한 사람에게 자기를 열어서 보여주신 것이 아니라 역사속에서 점점 자세히 당신을 나타내 보이셨습니다. 오고 오는 모든 인류가 공통적으로 꼭 알아야 될 중요한 하나님 정보를 차츰 차츰 드러내셨습니다. 이것을 계시의 점진성이라고 말합니다. 1,600여 년 동안 40여명의 인간 저자를 사용하면서 오류가 없도록 보호하시고 그 내용이 유기적으로 다 연관되게 하셨습니다. 이것을 성경의 통일성이라고 말합니다.(이애실, 「어? 성경이 읽어지네!」, 13. 참조.)

구약은 히브리어로 기록되었으며, 다니엘서에 아람어로 쓰인 부분이 있다(단 2:4하반절-7:28). 신약은 헬라어로 기록되었다.

성경에 등장하는 인물은 약 3,000명이 되며, 언급된 장소만 해도 약 1,500곳이나 된다.

이렇게 장구한 세월을 통하여 다양한 방식으로 기록된 성경이 말하고자 하는 것은 영원부터 자존하신 하나님의 존재와 그 이름이 여호와이심과 그 분의 속성(전능성, 신실성, 주권성, 영원성, 자비성)이다. 이러하신 하나님께서 가지고 계신 계획이 "하나님의 나라"이다. 그리고 그것을 펼쳐 보여 주신 것이 성경이며, 그 중심에 예수 그리스도께서 계신다.[9]

9) 천지 창조 전에 하나님은 마치 신랑이 자기 신부에게 사랑을 쏟아 붓듯이 우리에게 자신의 사랑을 쏟아 부으시기로 작정하셨다. 그러나 하나님은 우리가 반역하여 하나님의 사랑에 반응하기를 거부하며 그분의 영광을 되 비추지 못할 것이고 그 때문에 구원의 한 방법을 필요로 할 것임을 미리 아셨다. 그래서 하나님은 독생자를 위한 신부를 얻으려는 계획에 맞춰 우리 타락한 인류 가운데 일부를 선택하셔서 그 아들을 통해 하나님과 다시 연합하게 하시되 그들을 개별적으로 선택하실 뿐만 아니라 집단적으로도-그리스도인 한 신부로-선택하심으로써 그리스도 안에서 한 거룩한 남은 자가 하나님의 가족 안에 들어와 세상에서 하나님의 영광을 펼치는 일에 동참하게 하셨다.(이상현 편, 「조나단 에드워드 신학」, 이용중 역 (서울: 부흥과 개혁사, 2008), 322. 참조.)
하나님은 창세 전에 우리를 흠없고 거룩한 존재로 만들 계획을 세우셨다. 십자가 없이는 그리스도의 흠없고 거룩한 성품을 공유할 수 없다. 모든 것을 알고 계시는 하나님은 우리가 죄를 지어 그 분의 영광에 이르지 못하리라는 것을 영원 전에 미리 아셨다. 아울러 하나님은 세상이 창조되기 전에 죄인이 그리스도 안에서 의롭게 될 수 있는 길을 마련하셨다. 하나님은 우리에게 선택의 자유를 허락하셨다. 우리는 그 자유로 결국 죄를 선택하고 말았다. 하나님은 죄의 치명적인 결과를 알고 계셨기에 영원 전부터 아들의 죽음을 통해 죄로 인한 불행을 해결할 수 있는 계획을 세우셨다. 하나님의 계획과 목적은 단지 용서만이 아니라 거룩하고 의로운 축복을 무한히 베푸시는데 있었다.(헨리 블렉커비 지음, 「십자가를 경험하는 삶」, 조계광 옮김 (서울: 생명의 말씀사, 2006), 93-94. 참조.)
하나님은 우리를 존중해서 그를 배척할 수 있도록 했다는 사실은 격려과 됨과 동시에 겸손케 하는 신비다. 하나님은 억지로 우리에게 그의 뜻을 관철시킬 수도 있다. 자신의 논리로 우리를 압도할 수도 있다. 그리고 억지로 복종케 할 수도 있다. 그러나 대신에 그는 우리를 부드럽고 은혜롭게 대하신다. 우리가 그를 저주하는 선택을 할지라도 우리로 하여금 존엄성을 가지도록 허락하셨다.(켄트 엔더슨, 「설교자의 선택」, 이웅조 옮김 (서울: 성서유니온선교회, 2008), 90. 참조.)

언약대로 이 땅에 오신 예수님께서 직접 "너희가 성경에서 영생을 얻는 줄 생각하고 성경을 연구하거니와 이 성경이 곧 내게 대하여 증언하는 것이니라"(요 5:39 또한 눅 24:44-49을 보라)라고 말씀하셨다. 예수님께서 이 땅에 오심 자체가 성경의 모든 것이 사실임을 증언하는 것이다.[10]

10) 성경은 스스로 성경이 무엇인가를 설명한다. ... 성경은 실제와 무관한 사상을 말하지 않는다. 성경의 이론은 출발이 분명하고 모순됨이 없이 전개해 나간다. 기독교는 전연 실증할 수 없는 "어둠 속으로의 비약"에 근거하는 그러한 남에게 전달할 수 없는 모호한 경험이 아니다. 회개도 영적 성장도 결코 비약이 아니다. 이 두 경험이 다같이 살아 계신 하나님과 또한 그가 우리에게 주신 지식에서 오는 것이며 인간의 전인적 인격에 연유하는 것이다.(프란시스 쉐퍼, 「이성에서의 도피」 김영재 역 (서울: 생명의 말씀사, 1985), 139-142. 참조.)

디모데후서 3:16은 하나님의 호흡이 멈춘 것처럼 과거시제로 쓰여 있지 않다.[11]

11) 디모데후서 3:16에 쓰인 감동이란 단어는 신약성경에 한번 쓰이는 것으로써 창세기 2:7에 쓰인 '생기를 그 코에 불어넣으시니' 라는 말과 같은 것이다. 즉, 성경은 하나님의 숨결이 들어가 있는 살아 있는 말씀이다.(에스겔서 37장과 히브리서 4:12을 참조 할 것.)
'영감받다' 는 원래의 라틴어 뜻은 '숨을 불어넣다' 이다. 희랍어 데오프뉴스토스는 신과 숨결의 합성어인데 하나님에 의해 '영감받다' 는 의미를 갖는다. .... 마치 하나님께서 인간에게 생명의 바람을 불어넣어 살아 있는 영혼이 되게 하셨듯이 하나님은 성경저자들에게 바람을 불어넣어 각자에게 성경을 쓰게 하신 것이다.(도널드 반 하우스, 버나드 서트클리프, 「성경의 내용과 권위」 이종태 역 (서울: 생명의 말씀사, 1981), 33-34. 참조.)

성경은 마치 고고학자가 흙 속에서 보물을 찾아내듯 우리가 파내야 할 생명력을 잃은 문서가 아니다. 성경은 능력과 약속으로 가득

찬 살아있는 문서다.[12]

12) 켄트 엔더슨, 「설교자의 선택」, 45.

기독교는 모든 것이 사실임을 믿는 종교다. 왜냐하면 성경은 진리이며, 진리는 모든 것이 사실이기 때문이다. 이에 대하여 프란시스 쉐퍼는 다음과 같이 말하고 있다.

"그리스도교의 진리란 존재하고 있는 것에 대한 사실 그 것이다."[13]

13) 프란시스 쉐퍼, 「거기 계시며 말씀하시는 하나님」 허 긴 역 (서울: 생명의 말씀사, 1989), 30.

성경은 약속된 하나님의 축복의 통로다. 성경은 살아 있고 운동력이 있다. 검보다 날카롭고 강한 드릴보다 더 깊이 파고들며 아무리 완고한 영혼이라도 쪼개고도 남음이 있다. 이사야 선지자가 "비와 눈이 하늘로부터 내려서 그리로 되돌아가지 아니하고 땅을 적셔서 소출이 나게 하며 싹이 나게 하며 파종하는 자에게는 종자를 주며 먹는 자에게는 양식을 줌과 같이 내 입에서 나가는 말도 이와 같이 헛되이 내게로 되돌아오지 아니하고 나의 기뻐하는 뜻을 이루며 내가 보낸 일에 형통함이니라"(사 55:10-11)라고 말씀한 것 같이 그것은 절대로 헛되이 돌아오지 아니하고 하나님의 기뻐하시는 뜻을 이룬다. 하나님께서는 어떠한 방식으로든 그분의 말씀이 선포되기만 하면 우리가 그것을 깨닫든 깨닫지 못하든 그분의 때에 그분의 방법으로 그분의 뜻을 이루신다고 약속하셨다. 성경은 역사한다. 성실하게 선포되기만 하면 성경은 청중의 마음을 사로잡는다. 그것은 포스

트모더니스트들을 설득하고, 거절하는 사람들의 마음을 움직인다. 하나님의 말씀이 선포되기만 하면 말이다.[14]

14) 켄트 엔더슨, 「설교자의 선택」, 47.

관점

다음으로 성경을 보는 관점을 말하고자 한다. 성경은 하나님으로 시작해서(창 1:1), 아멘으로 마치고 있다(계22:21). 이에 대하여 처음 알게 되는 사람들도 있을 것이다. 여기에서 우리는 성경의 원저자이신 하나님의 이름이 "여호와"란 사실에서 알 수 있듯이 말씀하신 하나님이 말씀대로 성취하신다는 강한 의지가 담겨 있음을 볼 수 있다.

이러하신 하나님의 뜻은 "하나님 나라"이다. 그러므로 성경의 주제는 하나님 나라이며[15], 그 중심에 예수 그리스도께서 계신다. 예수 그리스도는 우주와 역사의 중심이며, 그 분 안에서 모든 것이 통일된다.

15) 성경은 하나님 나라 이야기이다. 히브리인들은 하나님 나라를 평강(샬롬)과 안식(웰빙)과 번영이 넘치는 곳으로 여겼다. 하나님의 나라는 풍요로운 복이 넘치는 곳이다. 글드워즈는 "하나님의 나라는 하나님의 백성이 하나님의 장소에서 하나님의 통치를 받으며 하나님의 복을 누리는 것이다"라고 정의했다. 나라를 이루기 위해서는 국민(씨), 영토(땅), 주권(뜻)이 있어야 한다. 이 세 가지 관점으로 성경을 꿰뚫어 보면 우리를 향한 하나님의 복을 볼 수 있다.(신주식, 「성경의 맥관통」 (서울: 풍성, 2008), 26. 참조.)

이와 같은 큰 그림 안에서 아담과 맺으신 하나님 나라의 언약[16]은 인류 시조의 범죄에도 불구하고 은혜 언약(창 3:15)에 따라 "언약 백성을 보호하시는 하나님의 섭리에 의해 셋, 노아 등을 거쳐 믿음의 조상 아브라함에게 이어지고,[17] 말씀하신 대로 백성을 만드시고,[18] 땅을 주시고,[19] 통치를 이루심이 다윗 왕국을 통하여 나타났다.[20]

16) 창 1:28 "하나님이 그들에게 복을 주시며 그들에게 이르시되 생육하고 번성하여 땅에 충만하라, 땅을 정복하라, 바다의 고기와 공중의 새와 땅에 움직이는

모든 생물을 다스리라 하시니라"는 말씀 안에는 나라의 3요소인 국민, 영토, 주권을 나타내는 하나님 나라의 백성, 땅, 통치에 대한 언약이 담겨있다.
하나님은 사람을 창조하신 다음에 말씀으로 복을 주셨습니다. "창세기 1:28". 하나님은 첫 사람 아담을 지으시고 이 계획을 이루고자 하셨습니다. 이 계획은 창세 전에 이미 세워진 것으로, 영적인 축복을 주시는 것입니다. 세상적인 복이 아니라 영적인 복입니다. 이것이 기독교의 본질입니다.(송신호, 「내가 죽은 십자가」 (서울: 말씀과 교제, 2006), 40-41. 참조.)

17) 창 12-20장까지 아브라함과 맺은 땅, 자손, 통치언약이 언급되어 있다.

18) 창 21장-민30장까지 역사 속에서 자손언약을 성취하시는 하나님의 섭리를 보여준다. 이삭출생 -> 야곱 -> 12아들 -> 애굽이주 -> 이스라엘 민족을 이루심 -> 출애굽.

19) 민 31장부터 사사기까지는 요단강 동편과 서편을 주심으로 땅 언약의 성취에 대한 섭리를 보여주고 있다.

20) 룻기부터 에스더까지는 다윗 왕을 예비하심으로 통치언약을 섭리해 가시는 내용을 다루고 있다.

이것은 언약대로 아브라함과 다윗의 자손으로 오신 예수 그리스도 안에서 성취되었으며, 그가 세운 교회를 통해 성령의 역사로 그 나라가 확장되며, 그가 재림함으로 새 하늘과 새 땅이 도래할 때 완성될 것이다.[21]

21) 하나님 나라는 성도들의 마음, 성도들이 모임인 교회, 성도들을 통해 하나님의 통치가 나타나는 장소, 앞으로 도래할 새 하늘과 새 땅으로 말할 수 있음.

이러한 하나님의 경륜 안에서 선악과는 우리를 인격적으로 대할 뿐 아니라, 복을 누리게 하기 위한 하나님의 방편이었다. 하나님과 인간의 관계와 위치를 기억하라는 것이다.[22] 즉 우리가 하나님(왕, 주인, 기준)이 되는 것이 죄이며 불행이다.

22)"참! 너는 내가 만들었어! 살면서 날 잊지마!" 이 말입니다. "내가 널 만들었어!" 이게 "선악과"입니다. (이애실, 「어? 성경이 읽어지네!」, 307. 참고)
동산 중앙에 있는 눈에 잘 띄는 나무 한 그루 앞에만 서면, 언제나 그 실과를 절대로 먹지 말라고 명령하신 하나님의 율법이 생각이 났고, 이는 창조주 하나님 앞에서 자신이 누구인지를 인식하는 수단이 되었습니다. 이로써 그는 하나님께서 자신을 창조하셨고, 자신은 모든 피조물들과 함께 창조된 한 피조물에 불과한 존재이기 때문에, 하나님의 뜻에 복종하며 살아야 한다는 것을 깨닫게 되었습니다.(김남준, 「죄와 은혜의 지배」 (서울: 생명의말씀사, 2005), 251. 참조.)

그런데 그 불행이 불순종한 한 사람 아담(하나님과 언약을 맺은 대표, 모든 인류는 참여)으로 말미암아 세상에 들어왔으며, 그 죄로 말미암아 사망이 왔다(롬 5:12).[23] 따라서 하나님의 형상대로 지음을 받은 인간은 영혼이 있는 영원한 존재이기 때문에 구원이 중요하고 필요한 것이다.

23) 아담에게 있어서 선악과는 자신이 누구인지 깨닫게 하는 훌륭한 표지판이었습니다. 그러나 강조되어야 할 것은 이것입니다. 선악과를 따먹지 말라는 명령과 함께 주어진 에덴 동산에서의 율법에는 인간으로 하여금 자신이 누구인지를 자각하게 하는 힘만 있었을 뿐, 죄를 막거나 축출할 수 있는 어떠한 능력도 없었습니다. 이처럼 좁은 의미의 율법 안에는 죄가 무엇인지를 알게 하는 힘은 있었으나 그것과 싸워 이기게 하는 어떠한 능력도 없었습니다.(Ibid., 252. 참조.)

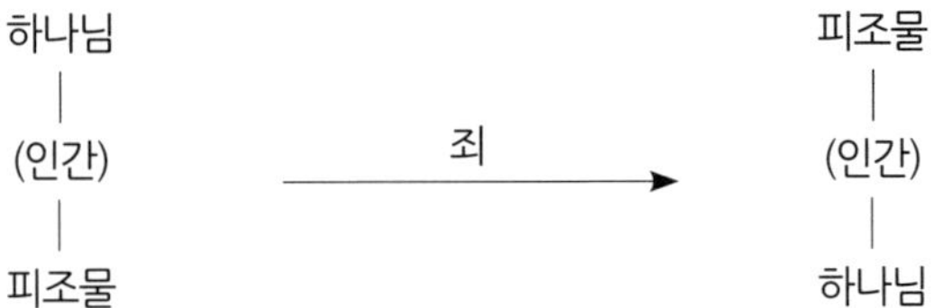

하나님의 통치가 하나님의 형상대로 지음 받은 인간을 통해 하나님이 창조하신 세상에 펼쳐지길 원하심. 그러나 죄로 인하여 질서가 파괴됨. 따라서 피조물을 조물주보다 더 경배하고 섬김(롬 1:25). 즉 하나님이 없다고 함(시 14:1)

왜냐하면 인간은 죄 때문에 죽지만 그 후에 심판이 있기 때문이다. 그런데 많은 사람들이 왜 죽는지도 모르고 죽어가고 있으며, 죽음으로써 끝이라고 생각하며 이 땅을 살아가는 사람들이 많다. 만약 죽음이 인생의 끝이라면 예수 그리스도께서 이 땅에 오셔서 십자가에 죽으심으로 우리의 죄를 대속하시고 새 생명을 주시기 위해 부활하셔야 될 이유가 없다.

하나님의 진노 가운데 영원히 죽을 수밖에 없는 죄인들을 위해 하나님은 여전히 창세전에 마련하신 하나님의 구원 계획을 약속하셨고, 예수 그리스도께서 성취하셨고, 성령님께서 적용하신다.[24]

24) 하나님은 전능하십니다. 그래서 말씀으로 약속하신 것을 반드시 이루십니다. 아담이 사단에게 굴복하여 인간에게 신령한 복을 주시려는 하나님의 계획이 좌절된 듯했지만, 아담의 실패에도 불구하고 하나님은 여전히 자신의 계획을 이루어 가십니다. 전능하신 하나님은 사단의 방해, 인간의 불순종을 초월하여 본래의 계획을 이루어 가십니다. 그 본래의 계획인 여자의 후손인 예수 그리스도를 약속하십니다. 처음부터 행위가 아닌 은혜인 것을 알 수 있습니다.(송신호, 「내가 죽은 십자가」, 46–47. 참조.)

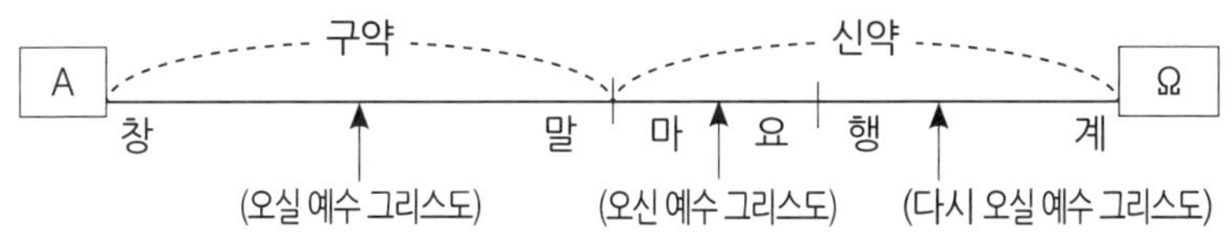

- 하나님 아버지께서 앞으로 오실 예수가 그리스도임을증거함.
- 말씀대로 오신 예수님께서 자신의 사역(공생애, 십자가, 부활)을 통해 자신이 그리스도임을증거함.
- 성령님께서 강림하사 이 땅에 교회를 세우시고 예수님께서 다시 오실 때까지 예수가 그리스도임을증거함.

하나님의 약속대로 이 땅에 오신 예수 그리스도께서 첫 사람 아담의 불순종을 순종(십자가)으로 해결하셨다.[25] 그리고 하나님께서 그를 다시 살리심으로 생명의 주가 되게 하셨다. 이에 대해 바울은 롬 4:25에서 "예수는 우리가 범죄한 것 때문에 내줌이 되고 또한 우리를 의롭다 하시기 위하여 살아나셨느니라"라고 말했다. 따라서 복음은 하나님께 회개하고 은혜의 수단인 예수 그리스도를 믿으라는 것이다.

25) 롬 5:19, 6:23.

여기에서 회개하라는 것은 원래의 위치로 돌아오라는 것이다. 그러기 위해서 “하나님의 의”인 예수 그리스도를 믿으라는 것이다. 그럴 때 자기의 하나님 됨(왕, 주인, 기준)을 포기하고 하나님을 왕으로 섬길 수 있는 것이다.

예수님께서 “너희는 온 천하에 다니며 만민에게 복음을 전파하라 믿고 세례를 받는 사람은 구원을 얻을 것이요 믿지 않는 사람은 정죄를 받으리라”(막 16:15-16)고 말씀하셨다. 하나님께는 두 부류의 사람 밖에 없다. 한 사람은 예수 그리스도 안에 있는 자, 즉 하나님의 은혜로 하나님의 의인 예수 그리스도를 받아들인 자, 다른 한 사람은 예수 그리스도 밖에 있는 자, 즉 자기의 노력과 공로를 의로 삼는 자이다.

인간은 하나님께 나아감에 있어서 자기의 의가 아닌 하나님의 의를 받아들여야 한다. 우리가 죄 사함(거듭남)을 받는 것은 자신의 깨달음에 있는 것이 아니라 예수 그리스도를 통하여 십자가에서 다 이루신 하나님의 은혜에 의해서이다.[26] 다시 말하면 자연적 수단이 아닌 신적이며 영적인 빛에 의해서 이루어진다. 우리가 그리스도인이 되는 것은 찬송가 310장의 “왜 내게 성령 주셔서 내 마음 감동해 주 예수 믿게 하는지 난 알 수 없도다”라는 가사처럼 전적으로 하나님의 소관이다.

26) 에드워즈의 경우 아퀴나스와는 달리 칭의가 “우리 밖에 있는” 원천에서 나온 의의 전가를 의미한다. 사람들은 그들 안에 있는 것에 의해서가 아니라 그리스도가 그들을 위해 획득하신 것에 의해 의롭다함을 얻는다.(이상현 편저, 「조나단 에드워즈의 신학」, 276. 참조.)

우리가 예수 그리스도를 영접할 때, 우리 안에 역사 하시는 하나님의 사랑을 끊을 것은 아무 것도 없다. 왜냐하면 하나님의 사랑하심과 구원은 영원하기 때문이다. 우리가 조금 잘못하면 슬퍼하시면서 사랑하시고, 좀 잘하면 기뻐하시면서 사랑하신다.[27] 하나님의 책임지는 사랑은 영원토록 변함이 없다.

27) 김남준 목사는 그의 저서 "죄와 은혜의 지배"에서 이 자비를 '눈물이 가득 고인 하나님의 사랑'이라고 표현하곤 합니다. 이 자비는 죄인의 죄보다는, 그 죄로 말미암아 처하게 된 비참한 상태에 대한 하나님의 긍휼히 여기시는 사랑입니다. 인간이 비참해진 것은 죄로 말미암은 결과이며, 그것은 인간 자신이 택한 것입니다. 따라서 하나님께서 그 과정을 다 생각하신다면 사랑 어린 슬픔을 가지실 수 없습니다. 하나님께서는 죄와 죄를 지어 온 그의 모든 삶을 미워하시지만, 아들의 피로 사신 자신의 소중한 자녀들이 비참하게 살아가는 것을 마음 아파하십니다. 사랑 어린 슬픔을 느끼시는 것입니다. 이것이 바로 하나님의 자비입니다. 이것이 곧 긍휼이고, 하나님의 사랑의 전체입니다.(김남준, 「죄와 은혜의 지배」, 410-411. 참조.)

그러나 이러한 구원의 확신을 가지고 살아가는 성도들에게도 육신의 장막을 벗기까지 죄로 오염된 본성과의 싸움이 남아 있다. 왜냐하면 우리가 의롭게 된 것이 우리의 공로에 의해서가 아닌 하나님께서 인정하신 의, 받아들여진 의이기 때문이다. 즉 신분의 변화인 것이다. 그러므로 주님이 부르시는 그 날까지 죄와의 싸움은 계속된다. 이것을 통하여 하나님의 은혜를 더 깊이 깨닫게 된다.

다시 말해 "죄가 너희를 주장하지 못하리니 이는 너희가 법 아래에 있지 아니하고 은혜 아래에 있음이라"(롬 6:14)는 말씀을 붙들고 죄보다 하나님의 은혜가 더 크다는 사실을 잊지 말고 살아야 한다.

내 속에서 능력으로 역사 하시는 성령님께서 우리가 이기도록 도와주신다. 그러므로 세상에 섞이지 않고 정복해 가는 삶, 즉 거룩한 길 걷기를 힘써야 한다.

그리스도인들은 두 세상을 견지하며,[28] 이 땅에서 하나님의 통치에 순종하는 삶을 통해 하나님의 왕 되심을 증거 하는 삶을 살아야 하는 존재들이다. 주님이 부르시는 그 날 바울과 같이 "내가 선한 싸움을 싸우고 나의 달려갈 길을 마치고 믿음을 지켰다"(딤후 4:7)라는 승리의 외침이 있기를 바란다.[29] 그러기 위해 성도를 주와 및 그 은혜의 말씀에 부탁드릴 수밖에 없다고 생각한다(행 20:32).

28) 현세와 내세, 즉 이미와 아직.
그리스도인에 대해 말할 때에 우리가 함께 보아야 할 것은 우리가 잘 아는 의화, 성화, 영화이다. 이것을 정리하면 다음과 같다.

의화	죄의 **형벌**에서 이미 구원 받았음.
성화	죄의 **권세**에서 현재 계속해서 이기고 있음.
영화	죄의 **존재**로부터 완전히 벗어나게 될 것임.

(김태평, 「자세히 보는 성막여행」(서울: 멘토, 1998), 38-39. 참조.)

고든 디. 피 . 더글라스 스튜어트 지음, 「성경을 어떻게 읽을 것인가」 오광만 옮김 (서울: 성서유니온, 1996), 186. 참조.)

29) 그 때에 우리가 일생을 죄와 더불어 싸운 피 묻은 전투복을 입고 있지 않다면 그 날은 우리에게 얼마나 부끄러운 날이 될까요? 그 때까지 끊임없이 거룩해지기를 힘쓰며 죄에 대하여 죽고 의에 대하여 살아야 합니다.(김남준, 「죄와 은혜의 지배」, 435-436. 참조.)

성경뼈대세우기[30]

30) 테리 홀이 지은 성경종합개관에 나타난 연대별 구약성경, 연대순 신약성경을 참조하여 전체적인 틀만 한 장에 재구성한 것임.(테리 홀, 「성경종합개관」 안종환 역 (서울: 나침반, 1994), 40. 120. 참조.)
가닥을 잡아주는 17권의 책들.(테리 홀 지음, 「성경을 좀 더 재미있게 공부하는 방법을 가르쳐 주세요」, 61. 참조.)
역사적 연대비교.(강영래, 「성서속을 달려라!」 (서울: 아가페출판사, 1989), 8. 참조.)

1. 구약역사서

구약역사서 17권(창 –에)은 파란색으로 구분해 놓았다. 쉽게 이해하기 위해 먼저 글 박스를 본 다음 읽기 바란다. 그리고 다시 글 박스를 보면 정리가 잘 될 것이다.[31] 그럼 성경의 첫 번째 책인 창세기부터 시작하겠다.

31) 도표는 세계 도처에서 쓰는 시각 교재입니다. 도표는 함축적이며, 분명하다는 두 가지 특성을 지니고 있습니다. 또한 도표는 여러 개의 사실을 명약관화한 그림으로 표시할 수 있습니다.(얼빙 L. 젠센 지음, 「젠센의 차트식 성경공부」 김규병 옮김 (서울: 보이스사, 1994), 소개말. 참조.)

1) 창세기

창세기는 모든 것의 시작을 말하는 기원에 관한 책이다. "태초에 하나님이"라는 말에서 알 수 있듯이 하나님께서 보이는 것과 보이지 않는 모든 것들을 창조하셨다(골 1:16). 그러므로 창조자이신 하나님의 말씀만이 창조에 대하여 가장 정확하게 알려준다(히 11:3). 그런데 중요한 사실은 모든 만물을 하나님의 형상대로 지음 받은 인간을 위하여 준비하셨다는 사실이다.

다시 말하면 하나님의 영광을 드러내기 위한 존재로 인간을 만들었다. 따라서 인간은 하나님의 영광을 반영하는 삶을 살아야 한다. 이것이 하나님을 예배하는 삶이며, 인간의 본분이다. 여기에 기쁨이 있고 행복이 있다.[32]

32) 소요리문답 제1문 "사람의 제일되는 목적이 무엇입니까?"에 대한 답은 "사람의 제일되는 목적은 하나님을 영화롭게 하는 것과 그를 영원토록 즐거워하는 것"이다. 여기서 "하나님을 영화롭게 한다"란 이러한 방법, 즉 하나님의 영광을

반사한다란 의미로 이해되어져야 한다.(G. I. 윌리암슨, 「소요리문답강해」 최덕성 역 (서울: 성광문화사, 1981), 8-11. 참조.)

이렇게 하나님과 창조된 인간과의 관계 속에 나타난 하나님의 뜻은 하나님의 나라이다. 그래서 하나님은 자신의 형상대로 지음 받은 인간에게 "생육하고, 번성하고, 충만하고, 땅을 정복하고, 모든 것을 다스리는"(창 1:28)복을 주셨다.[33] 복이란 인간의 행위와 상관없이 하나님께로부터 주어진 것을 말한다.

33) 언약이란 단어가 직접적으로 쓰이지는 않지만, 언약의 내용은 창세기 1장에서부터 시작한다. 창세기 1장 28절은 아담과 이브에게 하신 약속이다. 이 언약은 점진적으로 발전해 나간다. 창세기 3장의 여자의 후손에 대한 언약, 창세기 6장과 9장의 노아와의 언약, 아브라함과의 언약(창세기 12장), 다윗과의 왕국 언약(사무엘하 7장), ... 예레미야 31장의 새 언약 등으로 발전하는 언약은 신약에서 예수 그리스도를 통해 완성되어 나타난다.(김태평, 「자세히 보는 성막여행」, 163-164. 참조.)

에덴동산에 세워진 선악과는 인간이 이러한 복을 누리면서 살게 하기 위한 하나님의 안전장치였다. 모든 것을 다스리며 살되 한 가지만은 잊지 말라는 것이다. 너는 청지기고 내가 주인이라는 사실이다. 네 위에 내가 있다는 것을 기억하면서 살라는 것이다. 다윗이 그렇게 살았던 인물이다. 그는 왕이 되었음에도 불구하고 자기 위에 진정한 왕이신 하나님이 계심을 늘 기억하며 겸손하게 살았다. 그래서 하나님은 다윗에 대하여 "내 마음에 합한 사람"(행 13:22)이라는 평가를 하고 있다.

인간은 복의 근원이신 하나님의 질서 속에서 은혜로 살아야 되는데, 그 질서를 깨게 되었다. 인간의 불행이 불순종한 한 사람 아담으로 말미암아 세상에 들어 왔으며, 그 죄로 말미암아 사망이 왕 노릇하게 되었다. 죄가 세상에 관영하게 되고, 하나님께서는 홍수로써 심판하셨다. 그러나 진노 중에도 긍휼을 잊지 않으시는 하나님께서 노아의 8식구에게 은혜를 베풀어 주셨다. 노아의 아들들의 이름은 셈과 함과 야벳이었다.

하나님의 언약대로 이들을 통해서 세상에 사람들이 퍼지기 시작했다. 그런데 함의 아들 가운데 니므롯이라는 사람이 성과 대를 쌓고 다음과 같이 말했다.

"자, 성읍과 탑을 건설하여 그 탑 꼭대기를 하늘에 닿게 하여 우리 이름을 내고 온 지면에 흩어짐을 면하자"(창 11:4).

이러한 행동은 "땅에 충만하라, 땅을 정복하라, 땅을 다스리라"(창 1:28)는 하나님 말씀에 대항하는 것이었다.이에 하나님께서 언어를 혼잡케 함으로 그들을 지면에 흩으셨다. 이 때가 벨렉이 태어날 때였다(창 10:25). 이것을 우리는 바벨탑 사건이라고 말한다.

일반역사는 이렇게 흘러간다. 결국 하나님에 의해 멸망당한다. 바벨론이란 나라가 등장하였다가 역사 속으로 사라졌다. 마지막 때에 하나님을 대항하는 총체적인 세력으로 바벨론이 등장할 것을 성경은 상징적으로 말하고 있다. 그러나 결국 하나님에 의해 무너질 것이다. 여기에서 우리는 세상의 운명을 알 수 있다.

성경은 더 이상 일반 역사를 이야기하지 않고, 하나님께서 약속하신 대로 하나님의 구원의 역사인 하나님 나라를 이루어 가심을 보여주고 있다.[34]

34) 창세기는 4자를 기억하면 됩니다. 11장까지 네 가지 사건 창조〈1장〉, 타락〈3장〉, 홍수〈6장〉, 바벨탑〈11장〉 그리고 50장까지는 네 명의 족장이야기 아브라함〈12장〉, 이삭〈21장〉, 야곱〈25장〉, 요셉〈37장〉.(테리 홀, 「성경종합개관」, 50-51. 참조.)

하나님 나라는 언약을 성취해 가시는 하나님의 섭리에 의해 믿음의 조상 아브라함에게로 이어진다. 아브라함을 찾아오신 하나님께서는 그에게 땅과 자손과 통치를 약속하셨다.[35] 그리고 아브라함과 다윗의 자손으로 오실 예수 그리스도 안에서 성취될 하나님 나라를 바라보며 역사 속에서 한 가지씩 이루어 가신다.

35) 창 12-14장은 땅 언약, 15-16장은 자손언약, 17-20장은 통치언약을 말함.

먼저 민수기 30장까지 자손 언약을 성취해 가시는 하나님에 대하여 살펴보고자 한다. 하나님께서 아브라함에게 뭇별과 같이 네 자손이 이와 같을 것이라고 말씀하셨고, 아브라함이 이를 믿으매 이를 그의 의로 여기셨다(창 15:6).[36] 그 후에 아브라함이 육신적인 방법으로 이스마엘을 낳게 되었으나, 하나님께서는 약속의 자녀인 이삭의 출생을 통하여 자손언약을 성취해 가기 시작한다(창 21장).

36) 요 8:56, 롬 4:3, 롬 4:13-15, 갈 3:16 참고. 믿은 다음에 할례의 행위가 있고, 더 후에 율법이 주어졌음을 기억해야 한다. 여기서 할례와 율법이 아닌 믿음으로 구원받게 됨을 알 수 있다. 이 순서만 알아도 성경에 대한 많은 오류에서 벗어날 수 있다.

믿음 ⟶ 할례 ⟶ 율법

아브라함의 믿음을 의로 여기심(창 15:6)
그 뒤에 할례를 명하심(창 17:11)
약 400년 뒤에 율법을 주심(출 20장, 갈 3:17)

즉 율법은 구원을 얻기 위한 수단으로 주어진 것이 아님.
죄임임을 깨닫고 예수님께로 인도하는 역할을 함.

세월이 흐른 후 이삭에게서 에서와 야곱이 태어나게 된다. 그러나 하나님께서 야곱은 사랑하고 에서는 미워하셨다. 이것은 우리들에게 하나님의 선택을 보여준다.[37] 하나님은 야곱에게서 자식 낳기 경쟁(레아, 라헬, 실바, 빌하)을 통하여 12명의 아들을 낳게 하신다. 그리고 그 가운데서 요셉을 먼저 애굽으로 보내어 이들을 번성케 하시며 보호하신다.[38] 형제들에 의해 애굽으로 팔려간 요셉은 그곳에서 국무총리가 되고, 마침 온 땅에 기근이 들자 하나님께서 야곱의 가족들을 애굽으로 보내어 고센이라는 곳에서 구별되게 지내게 하신다. 하나님은 악을 사용하여 선을 이루셨다.

37) 창 25:23, 롬 9:10-13.

38) 시 105:17 "한 사람을 앞서 보내셨음이여 요셉이 종으로 팔렸도다"

자식 낳기 경쟁

레아 : 르우벤, 시므온, 레위, 유다
(빌하) : 단, 납달리
(실바) : 갓, 아셀
레아 : 잇사갈, 스블론, <딸 - 디나>
라헬 : 요셉, 베냐민

이에 대하여 요셉은 형제들에게 "당신들은 나를 해하려 하였으나 하나님은 그것을 선으로 바꾸사 그것을 오늘과 같이 만민의 생명을 구원하게 하시려 하셨음"(창 50:20)을 밝힌다. 여기에서 우리는 십자가를 통하여 우리를 구원하시는 하나님의 지혜와 능력을 볼 수 있다. 요셉은 형제들에게 하나님께서 언약대로 이스라엘 자손들을 가나안 땅으로 인도하실 때 자신의 시신을 가지고 갈 것을 부탁하고 애굽에서 죽었다.

2) 출애굽기

출애굽기는 요셉을 알지 못하는 새 왕이 애굽을 다스리게 됨으로 인해 고통 당하는 이스라엘을 애굽에서 구원하는 사건을 다루고 있다.[39] 고통은 애굽(세상을 상징)에서의 안주가 아닌 가나안(천국을 상징)에 대한 꿈(비전)을 가지게 한다. 이 일을 위해 모세를 준비하신 하나님께서 시내산에서 그를 부르시고, 그를 애굽에 보내어 10가지 재앙을 내림으로 자기 백성을 구원하시는데 그 절정이 유월절이다(출 12장).

39) 이스라엘의 생활 가운데서 출애굽은 이제 하나님의 구원을 이해하기 위한 가장 중요한 모델이 될 것이며, 또한 하나님의 백성은 구원하시는 하나님께 대해 자신들의 책임을 다해야 할 근거로서 출애굽을 기억하게 될 것입니다.(그레엄 골즈워디, 「복음과 하나님의 나라」 김영철 옮김 (서울: 성서유니온, 1988), 79. 참조.)

10가지 재앙 :

피, 개구리, 이, 파리, 악질, 독종,
우박, 메뚜기, 흑암, 장자의 죽음

3번째 재앙부터 애굽의 술사들은 흉내내지 못함

유월절은 "넘어 간다"는 의미이다. 죽음의 사자가 피가 있는 자는 넘어가지만 피가 없는 자는 죽였다. 애굽에는 애곡이 있었지만 이스라엘에는 죽는 자가 없었다. 여기에서 중요한 것은 피가 있고 없고의 차이이다. 즉 유월절 어린 양으로 오신 예수 그리스도의 십자가의 보혈이 있고 없고의 차이이다.[40] 구원과 멸망은 보혈을 믿느냐 믿지 않느냐에 있다. 보혈이 곧 복음이다.

40) 요 1:29, 요 19:34, 벧전 1:18-19.

즉, 구약 성경의 표어는 그리스도의 사역을 미리 보여 준 구속의 사건인 "출애굽을 기억하라"는 것이었고, 신약 성경의 표어는 "그리스도와 그의 십자가를 기억하라"는 것이었다.[41]

41) 스티븐 리콜스, 「세상을 바꾼 종교개혁이야기」 이용중 옮김 (서울: 부흥과개혁사, 2009), 23.

또한 이스라엘 백성들은 누룩을 집에서 제거해야 했다. 누룩은 죄악의 상징으로 사용된다. 즉 구원받은 자는 죄를 멀리하는 거룩한 삶을 살아야 됨을 뜻한다.[42] 그리고 이스라엘은 후손들에게 이 유월절에 대하여 가르쳐야 했다(출 12:25-27).

42) 고전 5:6-8, 고후 6:17-7:1.

드디어 이스라엘은 애굽에서 나오게 되는데 이때 중다한 잡족이 함께 나왔다.[43] 이스라엘은 홍해를 건너, 시내산 앞에 이르러 장막을 치게 되고, 하나님께서 시내산에 강림하심으로 그들과 언약을 맺으셨다. 그 대표적인 것이 십계명이다(출 20장).[44] 이것이 구별된 증거이다.

43) 창 12:3, 갈 3:8-9, 행 2:38-39.

44) 십계명은 "나, 너, 여러분, 안녕, 5-8계명, 거, 탐내지마"로 외우면 쉽다.

하나님께서 모세에게 하나님과의 만남의 장소인 성막을 명하시는 중(출 25-31장)에 백성들은 금송아지를 만들게 되지만(출 32장) 모세의 중재로 관계가 회복되고(출 33장) 언약을 갱신한 다음(출 34장) 모세는 하나님께서 말씀하신 식양대로 역사를 필하게 되고, 그 후에 여호와의 영광이 성막에 충만하였다(출 35-40장).[45]

45) 울타리는 율법, 문은 예수 그리스도, 마당의 번제단은 십자가, 물두멍은 성결, 성소의 떡상은 말씀, 등대는 빛 된 삶, 기름은 성령, 분향단은 기도, 성소와 지성소 사이의 휘장은 예수님의 육체, 지성소의 언약궤는 하나님의 임재, 뚜껑인 속죄소〈시은좌〉는 은혜를 베푸는 자리, 즉 만남의 장소.(강학종, 「쉽게 보는 어려운 성막」(서울: 베드로서원, 2000), 1-217. 참조.)
성막 문 안쪽으로 뜰과 성소와 지성소로 이루어진 성막의 구조를 통해서 볼 때, '그리스도인'들도 다음과 같이 세 가지 다른 상태에 속해 있다고 생각해 볼 수 있다. 1) 뜰에 있는 그리스도인, 2) 성소 속에 머물고 있는 그리스도인, 3) 지성소 속까지 들어가는 그리스도인. '뜰에 있는 그리스도인'이란 십자가에서 보혈을 통해 죄씻음을 받고 오늘 죽더라도 천국에 갈 수 있음을 고백하는 구원의 확신이 있는 자이다. 또 '성소에 있는 그리스도인'이란 구원의 확신과 더불어 매일같이 말씀과 찬양과 섬김과 기도하는 자를 말한다. 그리고 '지성소에 속한 그리스도인'이란 육과 영혼의 모든 것을 바쳐서 주님을 섬기는 자를 말하며, 하나님과의 깊은 교제를 통해서 하나님과의 영광 속에 폭 빠져 감사와 승리에 찬 희열이 넘치는 자를 말한다.(김태평, 「자세히 보는 성막여행」, 37-38. 참조.)

〈성막의 평면도〉

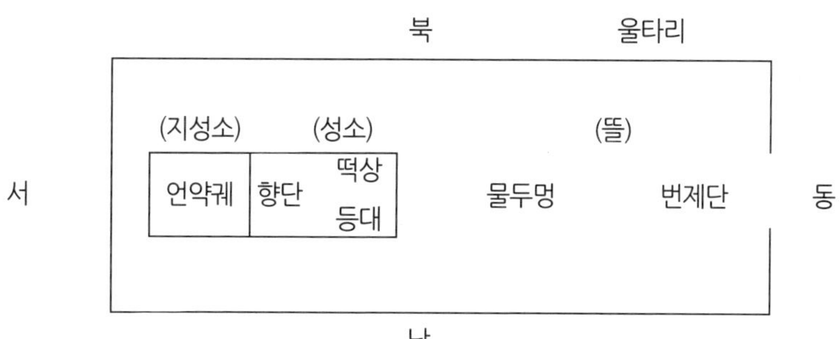

3) 레위기

레위기로 넘어 가면 신명기와 같이 화살표를 통하여 밑으로 뺀 것을 알 수 있다. 그것은 이동이 아닌 정착 개념이기 때문이다. 레위기는 시내산에 정착해 있는 동안 주어진 것으로,[46] 성막이 완성된 다음 하나님께서 모세에게 하나님의 백성답게 사는 방법인 제사 규례와 생활 규례에 대하여 말씀하신 내용을 다루고 있다. 즉 만남을 위한 외적인 조건이 주어지자 이어서 더 깊은 만남을 위한 내적인 내용들이 주어진 것이다.

46) 출19:1 – 민 10:10. 약 11개월.

레위기의 주제인 "내가 거룩하니 너희도 거룩하라"(19:2)는 말씀을 따라 1-10장까지 제사규례(하나님과 만나기 위하여 속죄가 필요함)인 5대 제사[47]를, 그리고 11-27장까지는 생활규례(하나님과 동행하기 위하여 성결이 필요함)를 말하고 있다.

47) 번제, 소제, 화목제, 속죄제, 속건제.

"거룩"이란 "구별"하는 것이다. 그리스도인은 세상과 다름에 대한 정체성과 그에 따른 자부심을 가지고 살아야 한다. 사도 바울은 로마서 12장 1절을 통해 "너희 몸을 하나님이 기뻐하시는 거룩한 산 제물로 드리라 이는 너희가 드릴 영적 예배니라"고 권면하고 있다. 진정한 예배는 "우리의 삶 자체를 하나님께서 기뻐하시는 산 제물로 구별하는 것"이란 의미이다. 다시 말해 예배와 거룩한 삶은 불가분의 관계에 있다는 것이다. 이것이 레위기의 핵심이다.[48]

48) 이재철, 「성숙자반」 (서울: 홍성사, 2007), 159.

4) 민수기

민수기는 두 번의 인구조사에 근거하여 "민수기"라고 부르고 있지만 실제로는 40년간의 광야생활을 다루고 있기에 "광야에서"라고 기억하는 것도 좋을 듯 싶다. 이스라엘은 출애굽 한 후 시내산에 도착하여 약 11개월의 기간을 보낸 후 약속의 땅을 향하여 출발하기 전에 성막을 중심으로 움직일 때와 정착해 있을 때의 진영을 짜게 된다. 그리고 구름이 성막 위에 떠오르자 시내산을 떠나게 된다.

시내산에 정착해 있는 동안 있었던 일 요약

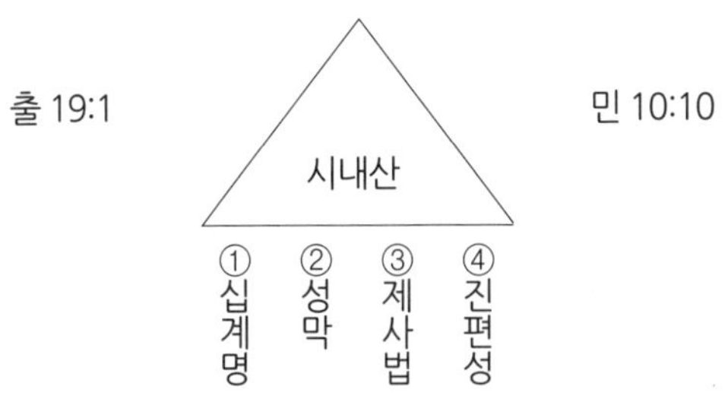

그런데 문제가 생기기 시작했다. 그것은 다름 아닌 원망과 불평이었다. 결정적인 사건은 12정탐꾼 가운데 10명의 부정적인 보고였다. 이로 인하여 본격적인 광야생활이 시작된다. 그들은 하나님께 대한 불신앙 때문에 두 주일에 갈 수 있는 여행길을 40년간의 죽음의 행진으로 바꾸었다(민 14:34).

새 땅에서 새 국가를 이루게 해주리라는 약속은 그 실현이 늦어지게 되었다. 하나님께서는 이스라엘에게 하신 약속을 자신에게 불평하며 원망한 출애굽 제1세대들이 다 죽어 없어질 때까지 연기할 수 밖에 없었다. 그래서 출애굽한 세대들 중에 오직 여호수아와 갈렙만

이 약속의 땅에 들어갈 운명에 놓이게 되었다.[49]

49) 필립 얀시 지음, 「맥잡는 성경 읽기」 임종원 옮김 (서울: 진흥, 2002), 55.

계속되는 고라당의 반역, 백성들에게 화가 나서 반석을 향해 명하라는 하나님의 명령에 순종하지 않고 지팡이로 침으로 큰 실수를 한 모세, 놋 뱀 사건, 거짓 선지자 발람에게 넘어가 우상 숭배함으로 24,000명이 죽은 일 등을 통해 하나님을 믿지 못하고 원망 불평하는 모습을 보게 된다.

스데반은 그의 설교에서 광야에서의 이스라엘을 "광야교회"(행 7:38)라고 말하고 있다. 그러므로 광야에서의 이스라엘의 행동은 곧 그리스도인들의 삶이기도 하다. 그러기에 그들의 행적은 이 시대를 살아가는 우리들에게 거울이 되고, 경계가 되고, 교훈이 되는 것이다(고전 10:11, 롬 15:4).

광야를 지나는 동안 출애굽세대는 죽고 만나 세대만 남게 된다. 민수기 31장부터 아브라함에게 언약하신 땅 언약이 성취되어 가는 것을 보여주고 있다. 정복한 요단강 오른편 땅은 르우벤, 갓, 므낫세 반지파의 요청에 따라 그들에게 주어진다.

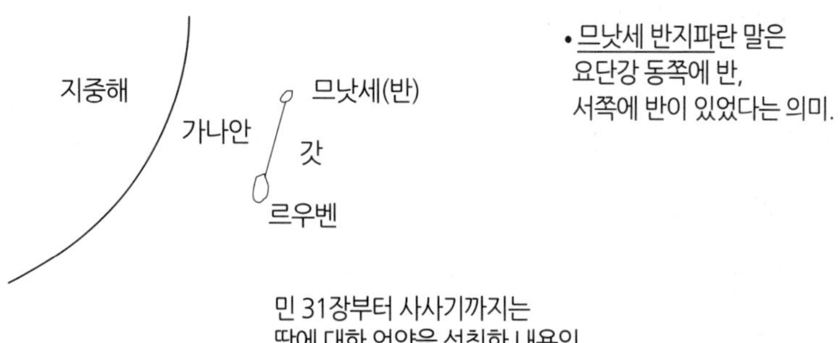

5) 신명기

드디어 모세는 이스라엘 백성들을 이끌고 모압 평지에 도착하게 되었다.[50] 그 곳에서 그는 애타듯이 간절한 마음으로 만나 세대들에게 세 번에 걸쳐 설교를 하게 된다. 그 내용이 신명기이다. 가장 좋은 교육방법은 반복이듯이 그들에게 과거를 거울삼아(1-4장), 미래를 바라보며(27-34장), 현재를 말씀에 충실하게 살라(5-26장)고 당부하고 있다.[51] 마치 운전자가 운전을 잘 하려면 가끔씩 백미러를 통해 뒤를 돌아보지만 눈은 항상 앞을 바라보듯이.

50) 출애굽기의 배경은 애굽, 레위기의 배경은 시내산, 민수기의 배경은 광야, 신명기 배경은 모압평지임을 기억하는 것이 좋다. 레위기와 신명기는 거의 정착해 있는 상황임으로 밑으로 뺀 것이다.

51) 신명기의 이 위대한 고별 설교 속에서, 모세는 그들의 역사적 삶을 회상하고 (1-4장), 그들의 법적인 삶을 내성하며(5-26장), 그들의 미래의 삶을 예언적으로 전망하였다(27-34장). (노만 가이슬러 저, 「그리스도는 성경의 열쇠」 황영철 역 (서울: 생명의 말씀사, 1988), 120. 참조.)

말씀은 항상 현재성을 띄고 있다. 출애굽 세대에게 하셨던 말씀이 만나 세대에도 그대로 적용된다(신 5:3). 즉 출 20장의 십계명을 신 5장에서도 말했다. 이어서 하나님 한 분만을 사랑할 것(신 6:4-9 유대인 쉐마교육의 근거임)과 하나님을 잊지 말 것을 당부했다(신 8장). 그리고 그 동안 가르쳤던 율법의 내용들을 반복해서 전했다.

순종이 축복의 길임을 밝히고(신 28장), 자신을 이을 여호수아를 임명하고(신 31장), 가르침을 잊지 않도록 노래를 만들고(신 32장), 가나안 땅을 바라보며 야곱이 자녀들을 그 분량대로 축복하였듯이(창 49장), 이스라엘 12지파를 축복했다. 그 축복의 결론은 "이스라엘이여 너는 행복한 사람이로다 여호와의 구원을 너 같이 얻은 백성이 누구냐 그는 너를 돕는 방패시요 네 영광의 칼이시로다 네 대적이 네게 복종하리니 네가 그들의 높은 곳을 밟으리로다"(신 33:29)는 것이다. 하나님의 집에서 사환으로 충성을 다한 모세는 위대한 생애를 마치게 되고, 그의 시종이었던 여호수아가 그 뒤를 잇게 된다.

하나님께서는 비스가 산 꼭대기에서 마지막으로 모세에게 요단강 건너편에 있는 약속의 땅을 보여 주셨다. 그 땅에 들어갈 수 없었던 모세의 심정은 과연 어떠했을까. 우리 모두에게는 하나님께서 명하신 거기까지가 있다. 이것을 안다면 더 욕심을 부려서는 안 된다.

6) 여호수아

하나님께서 여호수아에게 모세가 죽었음을 말하면서, 이제 내가 너를 통해서 언약을 성취해 가겠다고 밝힌다. 사람은 바뀌어도 하나님은 바뀌지 않는다. 여호수아서는 기억하기 쉽게 한마디로 7년에 걸친 〈땅따먹기〉로 생각하면 된다.

내용은 1-12장까지는 정복,[52] 13-22장까지는 분배, 23-24장은 고별설교로 구성되어 있다. 땅을 정복해 감에 있어서 승리의 비결은 성결케 하여 말씀에 순종하는 것이다. 즉 하나님의 일은 하나님의 방법대로 해야 한다. 여리고와 아이의 차이는 우리의 생각이지 하나님께는 동일하다. 순종할 때는 난공불락의 여리고라 할지라도 승리한다(6장). 그러나 내 생각대로 할 때는 보잘 것 없어 보이는 아이라도 실패한다(7장, 아간의 범죄). 문제는 크고 작은 것이 아니라 순종하는가 그렇지 않은가에 달려있다. 하나님은 환경이 아닌 순종을 보신다.

52) 거룩한 전쟁의 특징은 네 가지로 다음과 같다. 하나님은 참된 용사이시다. 전쟁은 하나님의 것이다. 이스라엘의 원수는 곧 하나님의 원수이다. 이스라엘은 승리를 쟁취하기 위해서 오로지 주님께 충실하여야 한다. ... 그러나 가장 중요한 요소는 주님이 이스라엘 백성들로 하여금 전쟁을 치르게 하고 그들에게 승리를 쟁취해 주시는 용사라는 사실이다. 이것이 여리고성 점령(수 6장), 기드온의 승리(삿 7장) 등을 이해하는 열쇠가 된다. 사실 이스라엘의 생존은 하나님이 그들의 참 왕이시오, 용사이시라는 사실을 그들이 얼마나 잘 기억하고 믿는가에 따라 결정되었다.(마크 스트롬 지음, 「성경교향곡」 오광만 옮김 (서울: 한국기독학생회 출판부, 1995), 93-94. 참조.)

땅을 분배함에 있어서 더 많은 것을 차지하는 지파가 있는가 하면(수 14-15장), 의무는 다하지 않고 특권만 요구함으로 불평하는 지파도 있었고(수 16-17장), 아예 늑장부리며 머뭇거리는 지파도 있었다(수 18-19장). 그럼에도 불구하고 말씀대로 땅 분배를 마치게 된다. 레위 지파에게는 도피성을 포함해서 48성읍이 주어지고(수 20-21장), 약속대로 전쟁에 앞장섰던 요단강 오른쪽 지파들을 돌려보냈다(수 22장).

도피성

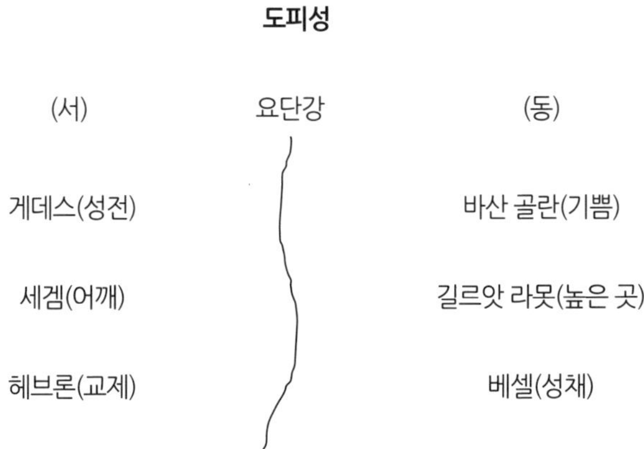

세월이 흘러 노장이 된 여호수아는 하나님의 부름을 받기 전 사랑

하는 이스라엘을 향하여 두 번에 걸쳐 고별설교를 한다. 그 핵심 내용은 하나님에 대한 절대적인 순종과 성별 된 생활을 하라는 것이다. 여호수아는 출애굽서부터 가나안정복까지 하나님께서 하신 일들을 목격한 자이다. 그러한 그가 간절한 마음으로 점점 세상을 향하는 자들을 향하여 "하나님만 섬기라"고 신앙의 결단을 촉구했다. 여호수아와 함께 했던 사람들이 살아 있는 동안 그들은 하나님을 섬겼다. 그러나 신앙의 바통이 후손에게로 전달되지 않았다.

7) 사사기

신앙의 고리가 연결되지 않은 결과가 사사기에 나타난다. 여기에서 우리는 "다른 세대"가 아닌 신앙이 그대로 전수되는 "다음 세대"가 되어야 하는 중요성을 깨닫게 된다. 사사기는 쉽게 〈또 사기〉에 대한 이야기이다. 사사기를 통하여 확인해야 하는 단어는 "또, 다시"이다.

1-3:6까지는 불순종하는 이스라엘의 정치적이며, 종교적인 배경을 말한다. 3:7-16장까지는 사사를 세워 이스라엘이 어떻게 반응하는가 시험하신다. 그러나 그들은 죄 -〉 노예 -〉 부르짖음 -〉 구원[53] -〉 망각 -〉 죄로 이어지는 범죄 사이클을 보여준다. 17-21장까지는 그렇게 깨닫게 했음에도 범죄 하는 모습을 볼 수 있다. 여기에서 우리는 죄의 뿌리가 얼마나 깊은가에 대하여 뼈저리게 생각해야 한다.

53) 사사인 노장 옷니엘, 왼손잡이 에훗, 여선지자 드보라, 평범한 농부 기드온, 기생의아들 입다, 나실인 삼손 등을 사용하심.

그 원인을 성경은 말한다.

"그 때에 이스라엘에 왕이 없으므로 사람이 각기 자기의 소견에 옳은 대로 행하였더라"(삿 21:25).

사사기는 일곱 번에 걸친 "죄의 악순환"을 통해서 백성들이 얼마나 하나님의 율법을 무시하고 "각기 자기의 소견에 옳은 대로" 행하였는지를, 또 그 결과로 그들이 겪게 된 내적인 부패와 외부로부터의 압박이 어떠하였는지를 보여주고 있다.[54]

54) 부르스 H. 윌킨슨, 「구약의 파노라마」 디모데성경연구원 (서울: 도서출판 디모데, 1996), 20.

자기가 왕이기 때문에 그렇다. 그래서 사람들은 자기의 의와 욕망과 기쁨과 영광을 위해서 살아간다. 해결 방법은 간단하다. 왕(예수 그리스도)을 모시면 된다. 그러므로 하나님께서 왕을 준비하신다.

8) 룻기

통치 언약을 성취하기 위해 하나님이 예비하신 왕 다윗을 준비하는 내용이 룻기다. 룻기의 배경은 사사시대다. 따라서 룻기를 사사기 밑에다 배열해 놓았다.

룻을 통하여 다윗 왕을 예비하심은 사사시대에 보석 같은 이야기이다. 부도덕, 우상숭배, 전쟁 등으로 얼룩진 사사들의 시대 속에 아름다운 사랑의 간주곡이 끼어든다.[55]

55) Ibid., 20.

그 내용은 베들레헴을 떠났던 나오미와 함께 베들레헴에 온 모압 여인 룻이(1장) 보아스를 만나게 되고(2장), 보아스를 찾아가게 되고(3장), 결국 그와 결혼하여 오벳을 낳게 되고 오벳은 이새를 낳게 되고 이새는 다윗을 낳았다는 것이다(4장).[56]

56) 룻기 맨 마지막 부분(룻 4:18-22)에 보아스의 족보가 나옵니다. 보아스의 아버지가 살몬이었습니다. "살몬은 보아스를 낳았고 보아스는 오벳을 낳았고"(룻 4:21). 여기서 잠깐 마태복은 1:5을 찾아봅시다. "살몬은 라합에게서 보아스를 낳고 보아스는 룻에게서 오벳을 낳고 오벳은 이새를 낳고 이새는 다윗 왕을 낳으니라". 살몬의 아내가 라합입니다. 여리고 성에서 유일하게 살아남은 믿음의 여인 라합말입니다. 그가 바로 보아스의 어머니인 것입니다.(조병호, 「성경통독 이렇게 하라」(서울: 땅에 쓰신 글씨, 2004), 170. 참조.)

다시 말하면 하나님을 의지할 때(1장) 인도를 받고(2장) 은혜를 입고(3장) 회복과 기쁨이 있게 된다(4장).

룻기를 이해하기 위해서는 하나님께서 제정하신 기업무르는 제도(레 25:23-28)와 수혼법(신 25:5-10)을 알아야 한다.

• 기업 무르는 자의 책임(고엘제도)

1) 땅을 되찾아 줄 책임
2) 종으로부터 구해내야 할 책임(구속, 속량)
3) 가정을 세워주어야 할 책임
4) 피의 대가를 대신 갚아주어야 할 책임

더 나아가 절망적인 한 가정을 보아스가 대속함 같이 한 나라를 다윗 왕이 회복하게 되고, 결국 아브라함과 다윗 왕의 후손으로 오신 예수 그리스도로 말미암은 하나님나라 회복을 보여주고 있다.

9) 사무엘상

사무엘상은 사사시대와 왕 시대를 잇는 다리 역할을 한 사무엘의 등장으로 시작된다. 그는 14명의 사사들 중에서 마지막이다. 그는 기도의 어머니 한나가 고통 중에서 기도로 낳은 아들이다. 그는 미스바에서 대각성운동을 일으켰으며, 하나님께서는 대적을 막아주시고, 잃어버렸던 것을 회복시켜 주시고, 그 땅에 평화를 주셨다. 그는 평생 기도하기를 쉬지 않았던 기도의 사람이었다.

드디어 이스라엘 백성들이 왕을 구하게 되고, 사무엘은 사람들에 의해 사울을 이스라엘 초대 왕으로 세우게 된다. 그러나 세월이 갈수록 사무엘이 우려한대로 사울은 하나님을 좇지 않고 자기를 위하여 기념비를 세우는 등 자신을 내세우기 시작한다. 하나님 말씀대로가 아닌 자기 생각대로 섬겼다. 이때 나온 말이 "순종이 제사보다 낫다"(삼상 15:22)는 것이다.

하나님께서는 이러한 사울 대신에 다윗을 왕으로 세우신다. 사무엘은 하나님이 선택하신 다윗에게 기름을 붓는다(행 13:21–23, 36 참고). 그러나 다윗은 정식으로 왕위에 오르기 전에 블레셋[57] 골리앗과의 싸움, 계속되는 사울 왕의 추격 등 파란만장한 세월을 보냈다. 그는 말씀을 따랐으며, 군급한 상황에서도 하나님을 힘입어 살았다.

57) 블레셋은 이른바 '펜타폴리스', 즉 다섯 도시(아스돗, 아스글론, 에글론, 가드, 가사)연맹체로 조직되어 있으며, 다섯 방백들에 의하여 통치되었습니다. 이들은 가나안 사람보다 훨씬 더 강한 결속을 보였으며, 군사적으로 더욱 효과적으로 움직였습니다.(Ibid., 175. 참조.)

그러나 큰 곤경에서 신접한 여인을 찾았던 사울 왕은 결국 블레셋

과의 싸움에서 죽는다. 사무엘상은 사울왕의 죽음을 끝으로 다윗 왕의 등장을 예고하며 마치고 있다.[58]

58) 사무엘상 내용은 크게 3명의 등장인물을 기억하면 쉽다. 1장에 사무엘 등장. 삼 삼은 구 그러므로 9장서부터 사울 왕 등장. 사 사 십륙 그러므로 16장부터 다윗 왕 등장. 오 오는 이십 오 그러므로 25장에는 사무엘의 죽음, 31장 사울 죽음. 그리고 남은 다윗에 대한 내용이 사무엘하에 이어진다.

10) 사무엘하

사울과 요나단에 대한 죽음의 소식을 전해들은 다윗은 활의 노래를 지어 그들을 애도한다.

"사울과 요나단이 생전에 사랑스럽고 아름다운 자이러니 죽을 때에도 서로 떠나지 아니 하였도다 그들은 독수리보다 빠르고 사자보다 강하였도다 ... 내 형 요나단이여 내가 그대를 애통함은 그대는 내게 심히 아름다움이라 그대가 나를 사랑함이 기이하여 여인의 사랑보다 더하였도다"(삼하 1:23-26).

다윗은 유다의 왕이 된지 7년 6개월 만에 통일왕국의 왕이 된다. 하나님이 함께 하심으로 다윗은 점점 강성하여 갔으며, 하나님께서 자기를 왕 삼으신 것과 이스라엘을 높이신 이유를 잊지 않았다. 하나님을 향한 사모함이 다윗으로 하여금 하나님의 임재의 상징인 언약궤를 다윗 성으로 옮기게 했다.[59] 이 국책사업의 의미는 하나님의 통치를 펼치겠다는 것이다. 언약궤가 다윗성에 들어 올 때 다윗은 여호와 앞에서 힘을 다하여 춤을 추었다. 이 때 미갈이 다윗을 비방하지만 다윗은 "이는 여호와 앞에서 한 것이라 ... 내가 여호와 앞에서 뛰놀리라"(삼하 6:21)고 대답했다. 하나님 앞에서 기꺼이 아이가 되는 것, 이것이 다윗으로 하여금 하나님 마음에 합한 사람이 될 수 있었던 비결이었다. 다윗이 어디를 가든지 하나님께서 이기게 하심으로 다윗 왕국이 확장되어 갔다.

59) 시 132편 참고.

다윗의 통치 기간은 간음과 살인의 죄를 범하기 전까지는 하나님의 풍성하신 축복의 연속이었다. 그런데 다윗에게 있어서 옥에 티와 같은 "우리아의 아내 밧세바를 범하는 사건"이 발생하게 되고, 이것을 은폐하기 위해 우리아까지 전쟁에서 죽게 만들었다. 그러므로 평안할 때, 잘될 때 조심해야 한다(고전 10:12 참고). 이 일이 하나님 보시기에 악하였다. 하나님이 보낸 나단 선지자가 그의 죄를 지적하자 그는 즉시 회개했다(시 51편 참고). 그리고 자신에게서 모든 걸 취하셔도 되지만 성령은 거두지 말라고 말했다.

이에 다윗은 대가를 지불하기 시작했다. 아이가 죽고, 암논이 압살롬의 여동생 다말을 범하고, 그 일로 압살롬이 복수를 하고, 결국 아버지인 다윗을 반역하다가 죽게 되었다.

또한 다윗은 말년에 인구조사를 실시하는 잘못을 범하게 됐다. 이어서 갓 선지자를 통하여 징계의 내용 3가지가 전달되었다. 1번 칠년 기근, 2번 석 달 동안 도망다님, 3번 사흘 동안 전염병. 다윗은 긍휼이 크신 하나님의 처분에 맡겼다. 하나님께서는 전염병을 내리셨으나 이내 후회하시고 그 손을 거두셨다. 다윗은 말씀대로 아라우나의 타작마당에서 화목제를 드림으로 재앙이 그쳤다(롬 3:25 하나님께서 화목제물로 세우신 예수 그리스도를 묵상하라).

11) 열왕기상

다윗 왕을 이어 솔로몬의 통치가 시작되었다. 그는 아버지의 유언을 따라 대적들(아도니야, 요압, 시므이)을 제거하였다. 솔로몬은 무엇을 바라고서가 아닌 단지 여호와를 사랑하여 일천번제를 드렸다(대하 1:6 "놋 제단 위에 천 마리 희생으로 번제를 드림"즉 천 번에 걸쳐 번제를 드린 것이 아니라는 사실만 알아도 잘못된 해석에 빠지지 않게 된다). 이러한 솔로몬에게 하나님께서 "내가 네게 무엇을 줄꼬 너는 구하라"고 하자 그는 지혜를 구하게 된다. 이것이 하나님의 마음을 감동시켰다. 하나님께서는 그가 구하지 않은 부와 영광도 주셨다(마 6:33참고).그의 지혜로운 판결은 지금도 동서고금을 막론하고 전해지고 있다.

그는 7년에 걸쳐 성전을 건축하였으며, 궁은 13년 만에 완성하였다. 성전을 봉헌하자 하나님께서 솔로몬에게 "왕위를 영원히 견고케 할 것"을 약속하셨다. 스바 여왕이 솔로몬 왕의 지혜를 듣고자 찾아와서 놀람을 금치 못하고 솔로몬 왕의 신복들에게 진정한 "복인"인 것을 말했다.[60]

60) 솔로몬보다 큰 이 "예수 그리스도".

이러한 솔로몬이 왕비들에 의해 마음을 돌이켜 하나님을 떠나자 그의 말년은 비참했다. 잠 1:7에서 "여호와를 경외하는 것이 지식의 근본"이라고 말한 그가 지혜의 근원을 떠났으니 어떻게 되겠는가? 그래도 하나님께서는 다윗에게 한 언약(삼하 7장 특별히 14-15절을 보

라) 때문에 한 지파를 준다는 약속을 하셨다. 그리고 그의 주변에 많은 대적들을 일으키셨다. 솔로몬은 끝내 여로보암을 죽이지 못하고 죽었다.[61]

61) 그림에서 열왕기상 윗부분을 보면 '남북분열'이라고 해서 930년으로 되어 있는 것이 보일 것이다. 어떤 방법으로라도 이 연도만 기억하기 바란다. 그리고 B.C(기원전)는 숫자가 커질수록 먼 것이다. 솔로몬도 40년, 다윗도 40년, 사울도 40년 그러므로 40씩 더하면 왕들이 언제부터 통치를 시작했는지 알 수 있다. 그리고 사사시대 350년, 땅따먹기 7년, 광야생활 40년, 애굽에서 400년 이런 식으로 더해 가면 대략적인 성경의 연대를 쉽게 알 수 있다. 그리고 A.D(기원후)를 향해서도 징검다리 식으로 몇 개의 연도만 외우면 된다. 조금 더 신경을 써서 성경의 역사와 관련된 주변 강대국들의 이름을 차례대로 알아두면 많은 도움이 될 것이다. 앗수르, 바벨론, 바사(페르시아), 헬라, 로마.

열왕기상은 22장까지 있는데 반을 나누면 11장이다. 그러므로 11장까지가 솔로몬 이야기이고, 12장부터는 분열왕국이 시작되는 것을 알 수 있다. 솔로몬의 아들 르호보암때 나라가 둘로 갈라졌다. 북쪽 왕국을 이스라엘이라 하고 여로보암이 다스리기 시작했고, 남쪽 왕국은 유다라 부르며 르호보암이 다스리게 되었다.[62]

62) 될 수 있으면 북이스라엘의 왕 20명의 이름과 남유다의 왕 20명의 이름을 외우는 것이 많은 도움이 될 것이다. 남과 북의 역사이야기를 이해하기 위해서는 필수적이라고 할 수 있다.(**남유다의 왕** : 르호보암, 아비얌, 아사, 여호사밧, 여호람, 아하시야, 아달랴, 요아스, 아마샤, 웃시야, 요담, 아하스, 히스기야, 므낫세, 아몬, 요시야, 여호아하스, 여호야김, 여호야긴, 시드기야 **북이스라엘의 왕** : 여로보암, 나답, 바아사, 엘라, 시므니, 디브리, 오므리, 아합, 아하시야, 여호람, 예후, 여호아하스, 요아스, 여로보암(2), 스가랴, 살룸, 므나헴, 브가히야, 베가, 호세아)

남과 북이 연결되어서 역사가 흘러갔다. 여로보암의 죄는 단과 벧엘에 금송아지 세운 것과 보통 사람으로 제사장 삼은 것 그리고 초막절 날짜를 변경한 것이었다.이 일로 그와 북이스라엘이 버림을 받게 되었다.[63] 북 이스라엘은 쿠데타에 의하여 정권이 바뀌지만 남 유다는 더 나은 것이 없어도 하나님의 언약에 의하여 한 왕조로 이어지는 것을 볼 수 있다.

63) 여로보암의 길은 하나님을 등뒤에 버리는 것이고(왕상 14:9), 다윗의 길은 하나님께 정직히 행하는 것(왕상 15:5)을 말합니다. 어떤 길을 걷는가가 중요하다.

여로보암의 길을 걸었던 대표적인 아합왕 때 엘리야가 등장하여 850:1로 바알과 아세라 선지들과 갈멜산에서 싸우게 되었다. 두 사이에서 머뭇거리는 이스라엘 백성들 앞에서 하나님께서는 자신이 살아 계심을 불로서 응답해 주셨다. 그러나 엘리야가 침체에 빠지게 되었을 때, 바알에게 무릎을 꿇지 않은 7,000명을 남겨 두었다는 사실로 위로해 주셨다. 나봇의 포도원을 뺐을 뿐 아니라 거짓 선지자를 좇았던 아합은 결국 전쟁에 나가 적군이 우연히 쏜 화살에 맞아서 죽었다.

12) 열왕기하

열왕기하는 계속해서 분열왕국의 왕들 이야기로 이어져간다. 아합이 죽은 후 그 아들 아하시야가 왕이 되었지만 병들어 죽게 되자, 그의 아들 여호람이 왕위에 오르게 되었다. 그 당시 엘리사는 엘리야를 통하여 그가 승천하기 전 갑절의 영감을 받게 되었다. 그리고 엘리사는 과부에게 은혜의 기적을 베풀고, 수넴 여인의 아들을 살리고, 나아만 장군의 문둥병을 고치는 등 엘리야보다 갑절의 이적을 베풀었다. 심지어는 아람 군대가 쳐들어 와서 도단 성을 에워 쌌을 때, 두려워하는 종의 눈을 열어 하나님이 함께 하심을 보게 했다.

북 이스라엘에서는 예후가 오므리 왕가를 이어 4대를 통치하게 되었다. 그는 바알 선지자들을 죽이고, 신당을 변소로 만들기도 했으나 여로보암의 길을 떠나지 않았다. 북 이스라엘은 여로보암(Ⅱ), 스가랴, 살룸, 므나헴, 브가히야, 베가, 호세아로 이어지다가 결국 앗수르에게 멸망당하고 말았다.[64]

64) 이때 시작된 유대인과 이방인간의 혼혈 민족을 '사마리아인'이라고 부른다. 이들에 대한 이스라엘의 차가운 반응을 요한복음 4장에 나오는 수가성 여인과 누가복음 10장에 나오는 사마리아인 비유에서 볼 수 있다.

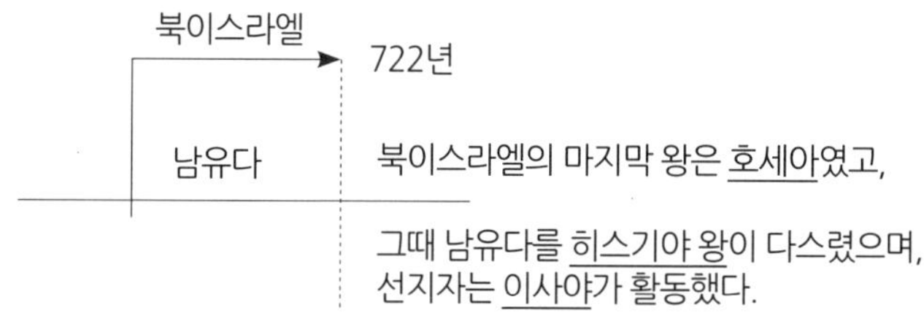

* 3명의 이름을 기억하고 있으면, 역사를 이해하는데 도움이 된다.

북 이스라엘이 멸망당할 당시 남쪽에서는 히스기야가 왕이 되어 개혁들을 일으켰다. 마침내 앗수르가 유다까지 침공해 오게 되자 히스기야는 하나님께 부르짖게 되고, 하나님은 히스기야의 기도에 응답해 주셨다(왕하 19:31, 34). 이러한 일이 있은 후 히스기야가 병들어 죽게 되었으나 하나님께서는 다시 한 번 그의 눈물과 삶이 있는 기도를 들으시고 고쳐주셨다. 아쉬운 것은 히스기야가 바벨론에서 병문안 온 사신들에게 내탕고의 모든 것을 보여주는 실수를 범한 것이다. 이는 앞으로 겪게 될 남 유다의 운명을 보여주는 것이기도 했다. 그는 역사성이 없었다.

그를 이어 왕이 된 므낫세는 아버지가 개혁했던 모든 것을 원상복귀 시켜버리는 실수를 범했다. 컴퓨터에 보면 쓸모없는 것을 휴지통에 버린다. 그런데 휴지통에 가면 복원이라는 것이 있다. 그것을 누르면 모든 것이 원래 있던 곳으로 돌아가는 것처럼 악한 쪽으로 되돌려 놓았다. 후에 요시야에 의해서 대대적인 개혁이 일어났다. 그에 대하여 성경은 다음과 같이 평가하고 있다.

"요시야와 같이 마음을 다하며 뜻을 다하며 힘을 다하여 모세의 모든 율법을 따라 여호와께로 돌이킨 왕은 요시야 전에도 없었고 후에도 그와 같은 자가 없었더라"(왕하 23:25).

그가 애굽과의 전투에서 죽게 되고 여호아하스, 여호야김, 여호야긴, 시드기야로 이어지면서 남 유다도 바벨론에게 멸망당하고 말았다. 하지만 하나님의 약속대로 여호야긴(왕하 24:15)을 통해 이어지는 하나님의 은혜를 확인시켜 주면서 마치게 된다.

13) 역대상

역대상. 하에 들어가기에 앞서 그림에서 사무엘상 밑에 보면 화살표가 사선으로 역대상으로 연결되고 역대하에서 에스라로 이어지고 있음을 확인하기 바란다. 신약의 사복음서와 같이 역대상. 하도 기록자가 하나의 사관을 가지고 기록하였으며, 역대상은 사무엘하에 대한 주석이라고 볼 수 있다.

그는 포로생활에서 돌아오기까지의 모든 역사를 주관하시는 분이 하나님이심을 말하기 위해 역대기상에서 아담부터 시작하고 있다. 그리고 다윗에 이르기까지 족보로 진행한다. 이는 당시의 현실을 말하기 위해 그 동안의 장구한 모든 역사를 말해야 하지만 지면상 그렇게 할 수 없어서 족보라는 방식을 취하여 이야기하고 있는 것이다.

그리고 그 분기점인 사울의 죽음과 다윗의 등장에 대하여 다음과 같이 표현하고 있다.

"사울이 죽은 것은 여호와께 범죄하였기 때문이라 그가 여호와의 말씀을 지키지 아니하고 또 신접한 자에게 가르치기를 청하고 여호와께 묻지 아니하였으므로 여호와께서 그를 죽이시고 그 나라를 이새의 아들 다윗에게 넘겨주셨더라"(대상 10:13-14).

이어서 마지막까지 다윗에 대한 내용으로 채워지게 된다. 하나님께서 상한 갈대도 꺾지 않으시고, 꺼져 가는 심지도 끄지 않으시듯이 언약대로 성실하게 이루어 가심을 증거하기 위해 역대기 기자는 남쪽 유다를 중심으로 기록하고 있다.

그러므로 사무엘하에서 옥에 티와 같았던 밧세바 사건에 대한 언급이 없다.[65] 대신 성전을 짓고 싶어 하는 다윗을 다루고 있다. 하나님께 거절을 당하지만 우리는 그러한 마음이라도 가져 본 적이 있는가? 다윗은 나중에 솔로몬이 지을 수 있도록 살아생전에 많이 준비하였다(대상 22:5). 그리고 그를 왕으로 세웠으며 조직을 새롭게 하고, 하나님의 전을 위하여 자신뿐 아니라 백성들을 동참시켰다(대상 29:14). 다윗은 하나님의 뜻을 좇아 섬기다가 잠들고(행 13:36), 그 아들 솔로몬이 왕이 되었다(대상 29:28).

65) 밧세바와의 부정 사건은 모두 이 거룩한 기록에서 제외되었습니다. 하나님께서는 자백한 죄를 용서하시고 기억도 하지 않으십니다.(테리 홀, 「성경종합개관」, 93. 참조.)

14) 역대하

역대하는 열왕기상, 하에 대한 주석으로 솔로몬으로부터 시작하여 바벨론 포로생활에서 돌아오게 되는 남쪽 유다의 역사를 요약하고 있다.[66] 북이스라엘은 쿠데타에 의하여 정권이 바뀐 반면에 남유다는 한 정권이 계속해서 이어짐을 강조하고 있다.

66) 열왕기는 주로 정치사이지만 역대기는 종교사이다. 열왕기는 선지자적 관점에서 쓰여졌지만 역대기는 제사장적 관점에서 쓰여졌다. 비록 역대기가 유다만을 다루기는 하지만, 역대상은 사무엘 상. 하에 병행되고 역대하는 열왕기 상. 하에 병해된다.(노만 가이슬러 저, 「그리스도는 성경의 열쇠」, 124-125. 참조.)

1-9장까지 솔로몬의 통치를 기록하고 있다. 그는 성전을 건축하기로 결심하고(2:1), 아브라함이 이삭을 번제로 드리도록 지시받았던 모리아 산에 성전을 짓기 시작해서(3:1 창22장을 보라), 성전 짓는 일을 마쳤다(5:1). 모세가 성막을 완성했을 때처럼, 성전에 여호와의 영광이 가득했다(5:13-14 출 40:34-35을 보라). 솔로몬이 백성들을 축복하고 기도하자 그에 대해 하나님께서 응답하셨다. "내 이름으로

일컫는 내 백성이 그들의 악한 길에서 떠나 스스로 낮추고 기도하여 내 얼굴을 찾으면 내가 하늘에서 듣고 그들의 죄를 사하고 그들의 땅을 고칠지라"(7:14).

10-36장까지는 유다 왕들의 통치를 다루고 있다. 아사가 개혁을 일으켰으며, 이어서 여호사밧도 지도자들을 세워 순회하면서 백성들에게 율법을 가르치게 했다. 그러나 그의 실수는 아합과 동맹을 맺는 것이었다. 히스기야도 이사야의 신실한 충고를 받아들여 우상을 파괴하고 성전을 다시 열었으며, 기도로 전쟁과 질병으로 인한 죽음의 위기에서 벗어났다. 요시야는 유월절을 다시 부각시킴으로 백성들로 하여금 애굽의 노예생활에서의 해방을 기억하도록 했다. 하지만 그들은 얼마 안가서 바벨론에게 포로로 잡혀가게 될 운명에 처했다. 이러한 그들을 하나님은 버리지 않고 종국에 귀환시키실 것이다.

여기에서 확인해야 될 것은 마지막 부분이 열왕기하와 다르다는 점이다. 열왕기하에서는 여호야긴이 풀려난 것으로 마치지만 역대하에서는 70년간의 포로생활을 마치고 페르시아의 고레스왕에 의하여 가나안으로 돌아오게 되는 내용까지 다루고 있다. 그리고 그것은 에스라서 앞부분과 겹치면서 연결된다.

15) 포로시대

에스라서로 넘어가지 전에 포로시대를 살펴보고자 한다. 포로시대는 하나님께서 예레미야 선지자를 통하여 예언한 대로 70년간이었다(렘 29:10-14). 여기에서 포로시대라고 되어 있는 글 박스 위로 올라가서 바벨론이 통치하고 있었음을 확인하기 바란다.

그리고 606년 바벨론이 "유다정복"이라고 되어 있는 부분에서부터 536년 스룹바벨 귀환까지 70년임을 볼 수 있다. 또 한 가지는 586년 "성전파괴"라고 되어 있는 부분에서부터 516년 성전재건으로 보아도 70년이다. 그 차이는 처음 바벨론에 포로로 잡혀간 606년으로 볼 것인가 아니면 예루살렘 성전이 파괴된 시점으로 볼 것인가에 따른 것이다.[67]

67) 바벨론의 포로생활은 두 가지 측면에서 모두 70년간이었습니다. 정치적으로는 B.C.606년에 첫 포로로 시작해서 B.C.536년에 첫 번째 귀환이 시작되었으며, 종교적으로는 B.C.586년에 성전이 파괴되어 B.C.516년에 성전재건이 완성되었습니다.(테리 홀, 「성경종합개관」, 56. 참조.)

아무튼 이 기간은 이스라엘로 하여금 깨닫게 하고 바르게 하기 위한 하나님의 징계였다. 징계는 멸망시키기 위한 것이 아니라 사랑하는 자들에게 하나님의 은혜를 깨닫게 하기 위한 또 다른 사랑의 표현인 것이다. 또한 이 기간 동안 역사의 수레바퀴를 하나님께서 움직이신다는 사실을 볼 수 있다. 하나님께서는 바벨론이라는 도구를 사용하셔서 이스라엘을 다루셨다. 하나님의 뜻을 다 이루신 후에 하나님께서는 이사야를 통해서 예언한 대로 페르시아의 고레스왕을 사용하여 치워버리셨다(사 44:28-45:7).

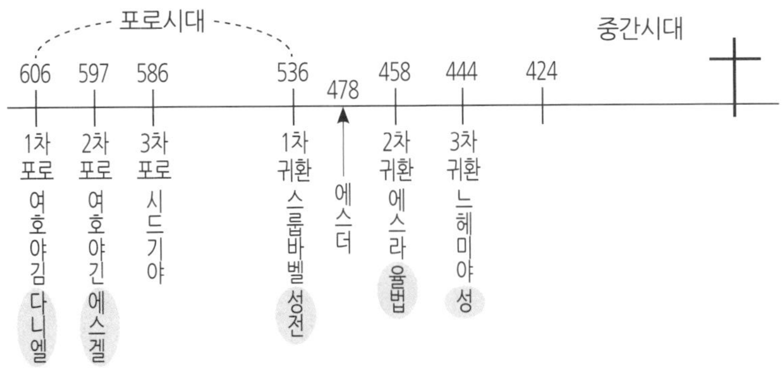

16) 에스라

이사야선지자를 통하여 이미 예언한 것처럼 페르시아 고레스왕에 의하여 흩어진 유대인들이 고국으로 돌아오게 되었다. 이때 제일 먼저 스룹바벨에 의하여 B.C 536년 1차 귀환이 시작되었다. 그리고 그가 돌아와서 한 일은 무너진 성전을 재건하는 것이었다. 중간에 중단되었다가 많은 우여곡절 끝에 다시 시작하여 재건되기까지는 20년이 걸려 516년에 마치게 되었다. 그에 대한 내용이 1-6장까지 나타난다.

그리고 에스라에 의해서 458년 2차 귀환이 시작되었다. 에스라는 대제사장 아론의 십 육대손이며, 모세의 율법에 익숙한 학사였다. 말씀에 정통한 그는 돌아와서 율법을 회복하여 백성들을 인도하는 역할을 감당하였다. 이에 대한 내용이 7-10장에 소개되고 있다. 이렇게 두 부분으로 나누어지는 에스라서를 쉽게 기억하기 위하여 앞부분은 성전중심, 뒷부분은 말씀중심으로 생각하면 도움이 될 것이다.[68]

68) 여기서 귀환순서와 연도를 외우면 도움이 된다.

17) 에스더

에스더서는 글 박스 위로 올라가 보면 1차 귀환이 이루어지고 성전이 재건된 후, 2차 귀환이 있기 전 B.C 478년경에 페르시아 제국 127도에 흩어져 있던 유대인들을 말살하려는 하만의 궤계(1-5장)에서 유대인들을 구출한 사건(6-10장)을 다루고 있음을 볼 수 있다.

에스더가 아하수에로 왕의 왕후가 된 후, 하만과 모르드개 사이에 한 사건이 발생하게 되고, 그것은 유대인 말살정책으로 확대되었다. 원수들은 그 정책을 실행할 날을 제비(부르)뽑았다. D-day가 정해지자 모든 것이 사실화되고 유대인들은 큰 곤경에 처하게 되었다. 그러나 애굽에 요셉이 있었고, 바벨론에 다니엘이 있었듯이, 페르시아에 에스더가 있었다.

모르드개가 에스더에게 "네가 왕후가 됨이 이때를 위함이 아니냐"고 말하자 에스더는 금식하고 "죽으면 죽으리라"(에 4:16)는 결단을 하게 된다. 하나님께서는 에스더와 모르드개로 하여금 왕에게 은혜를 입게 하신 반면에 교만한 하만을 부끄럽게 하셨다. 에스더가 왕에게 말했다.

"내 민족을 내게 주소서"(에 7:3).

모든 상황이 바뀌게 되었다. 한편의 역전드라마를 보는 것 같다.

하만이 이스라엘을 멸하기로 제비뽑은 그 날이 도리어 이스라엘이 대적을 멸하는 날이 되었다. 그래서 유대인들은 이 날을 부림절로 지키게 되었다.[69] 에스더는 이 일로 인하여 창공에 빛난 별과 같은 존재가 되었다. 하나님이 하시는 일은 언제나 놀랍다. 이 사실을 통하여 하나님께서 언제나 자기 백성들을 지키시고 보호하신다는 사실을 확인하게 된다.[70]

69) 그들은 오늘도 부림절을 지키며 에스더 이야기를 회상하는 동시에 에스더라는 여인을 통해 민족을 구원하신 하나님의 구원의 역사를 기념하고 있습니다. 또한 이것은 이스라엘 일개 민족의 구원에 그치는 것이 아니라 하나님께서 이스라엘 후손으로 태어나는 "메시야"의 씨를 보존하셨다는 구원사적인 큰 의미를 가집니다.(크리스토퍼 허드슨외 지음, 「하루만에 꿰뚫는 성경관통」 배응준 옮김 (서울: 규장, 2005), 178. 참조.)

70) 에스더는 포로 이후 팔레스타인에 돌아오지 않고 바사에 머물기를 택했던 대부분의 유대인들에 관해 전해주는 유일한 성경의 기록이다. 에스더에는 비록 하나님의 이름이 단 한번도 언급되지 않지만, 당신의 백성들을 향한 하나님의 섭리와 보호의 손길은 에스더 전체를 통해 너무나도 분명하게 나타난다.(부르스 H. 윌킨슨, 「구약의 파노라마」, 36. 참조.)

18) 느헤미야

느헤미야서는 B.C 444년 3차 귀환이 이루어졌을 때, 느헤미야에 의하여 52일 만에 예루살렘 성이 재건되는 내용을 1-7장까지 다루고 있다. 좀 더 살펴보면 그는 이 비전을 위하여 기도했으며(1장), 행동에 옮겼고(2장), 사람들을 하나님의 일에 동참시키고(3장), 반대세력과(4장), 내부의 분쟁에도 불구하고(5장), 성을 완성한 후(6장), 성을 방어하게 했다(7장).

이어서 에스라에 의한 말씀 운동이 일어남으로 회개에 따른 회복

운동이 전개되었다. 이에 대한 내용이 8-13장에 나온다. 좀 더 이야기하자면 예루살렘 성이 완성된 후 전무후무한 말씀부흥이 일어나고(8장), 이어서 그에 따른 회개가 동반되었으며(9장), 백성들이 하나님과 언약을 맺고(10장), 정착하기 시작했으며(11장), 마침내 성을 하나님께 드리고(12장), 말씀대로 실천하기에 이르렀다(13장).

이러한 느헤미야서의 내용을 쉽게 기억하기 위해, 1-7장까지는 하드웨어 부분, 8-13장까지는 소프트웨어 부분으로 기억하면 된다. 여기에서 시가서로 넘어가기 전에 다시 한 번 정리해 보면 스룹바벨은 성전을 짓고, 에스라는 말씀을 가르치고, 느헤미야는 성을 쌓았다는 사실이다.

2. 구약시가서

지금까지 역사서 17권(모세오경 5권포함)과 포로시대를 살펴보았다. 다음으로 중간시대를 걸쳐 신약으로 넘어 가기 전에 시가서 5권과 이어서 선지서 17권을 살펴보도록 하겠다. 그럼 먼저 시가서 5권(욥기, 시편, 잠언, 전도서, 아가)에 대하여 살펴보겠다. 그림에서는 노란색으로 구분해 놓았다.

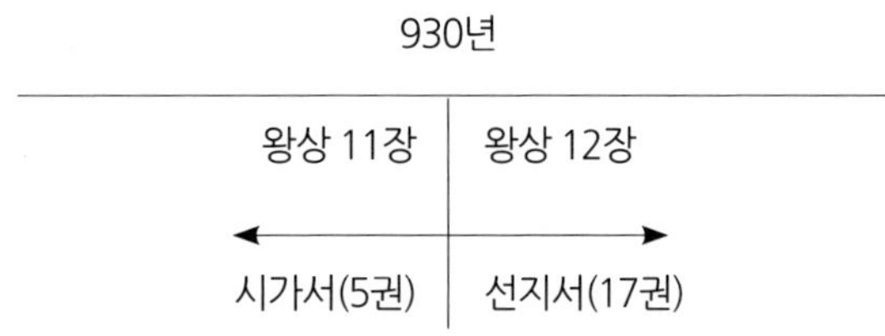

T 자를 생각하라!

1) 욥기

욥기를 보면 그 배경이 족장시대임을 알 수 있다. 욥은 고난을 겪은 후 140년을 더 살았다(욥 42:16). 욥기는 고난의 참된 의미를 우리에게 말해준다. 우리는 욥기를 통해 하나님을 섬기는 까닭에 대하여 대답해야만 한다(욥 1:9). 욥기는 하나님의 전능하심에 대한 찬양이다. 하나님은 우리의 인생에 들어오셔서 마음대로 할 수 있는 분이시다.

우스 땅에 살면서 하나님을 경외하던 욥에게 어느 날 뜻하지 않았던 고난이 닥치게 되었다(1-2장). 그 소식을 듣고 세 명의 친구가 찾아왔다.[71] 그리고 그들과 욥과의 대화가 이어진다. 그들은 욥을 정죄하고 욥은 자기 의를 주장했다(3-31장). 그들의 대화를 지켜보고 있던 엘리후가 등장하여 세 친구의 정죄와 욥의 의를 책망하며 도전했다(32-37장). 이어서 하나님께서 나타나셔서 고난의 부당함을 말하는 욥에게 피조 세계에 나타난 하나님의 능력과 지혜를 들어서 책망을 했다. 고난을 통해 하나님의 전능하심과 주권을 경험한 욥은 하나님께 회개하고 더 신뢰하게 되었다(38-42:6). 하나님은 욥을 회복시켜 주셨다(42:7-17).

71) 욥의 세 친구. 데만 사람 엘리바스는 에서의 자손으로(창 36:11) 에돔 족속이었다. 수아 사람 빌닷은 아브라함과 그두라의 자손이었다(창 25:2). 나아마 사람 소발은 조상과 거주지가 알려져 있지 않았다. 이들은 유목민 군주들이었다. 부스 사람 엘리후는(32:2) 아브라함의 형제 나홀의 자손이었다(창 22:21).(할레이 저, 「최신 성서핸드북」 박양조 역 (서울: 기독교문사, 1988), 262. 참조.)

사람이 이해할 수 없을지라도 하나님은 완전한 분이시다. 고난을 통하여 하나님의 하나님 되심을 알고 나니까 하나님을 더 사랑하게 되고, 자기를 정죄한 친구들을 위하여 축복하게 되었다. 전과 다르게 하나님을 섬기는 차원이 달라졌다. 고난이 오거든 이유를 묻지 말고, 섭리를 믿고 마땅히 해야 할 일을 하게 되기를 바란다.[72]

72) 욥 23:10, 롬 11:36, 약 5:11 참조.

2) 시편

시편은 150편이지만 5권으로 구성되어 있다.[73] 제1권은 우리가 잘 아는 시편1편(복 있는 사람)으로 시작하고, 제2권은 42편(목마른 사슴)으로 시작하고, 제3권은 73편(아삽의 시)으로 시작하고, 제4권은 90

편(장례식 때 많이 사용되는 모세의 시)으로 시작되고, 제5권은 107편(건짐 받음)으로 시작된다고 기억하면 된다.

73) 하나님과의 교통은 그의 창조에만 관계되는 것이 아니라(시 1-41편), 그의 구속(시 42-72편), 그의 성전(시 73-89편), 그의 섭리(시 90-106편), 그리고 그의 윤리에도(시 107-150편) 관계되어 있다.(노만 가이슬러 저, 「그리스도는 성경의 열쇠」, 127. 참조.)

시편은 대부분 다윗의 시로써 하나님의 신실하심을 노래하고 있다. 다윗은 앞 뒤 상황이 꽉 막힐 때마다 기도로 하늘 문을 열었던 것이다. 생명의 위협은 계속되었지만 하나님의 구원을 노래하는 다윗의 입술도 여전히 쉼이 없었다. 시편은 자체가 삶이고, 기도이고, 노래이다. 시편은 글 박스 위로 올라가 보면 사무엘하와 역대상이 있음을 볼 수 있다. 이 책들이 시편의 배경이 되고, 시편마다 시작하기 전에 있는 표제어(예를 들면 51편 앞에 "다윗의 시, 영장으로 한 노래, 다윗이 밧세바와 동침한 후 선지자 나단이 저에게 온 때에")가 많은 도움을 준다.

시편은 1편에서 전체를 말하고 있다. 즉 복인과 악인, 죄인과 의인의 길과 그 결과를 보여준다. 결국 시인은 "호흡이 있는 자마다 여호와를 찬양하라"고 말하고 있다. 시편은 한마디로 하나님의 신실성에 대한 찬양인 것이다.

3) 아가

솔로몬은 잠언, 전도서, 아가서를 지었다. 지은 순서대로 하면 아가서가 처음이고, 중년에 지은 잠언, 그리고 노년에 지은 전도서 순이다. 이것들의 배경은 아가, 잠언, 전도서라고 되어 있는 부분에서

위로 올라가 보면 솔로몬(B.C 970)과 남북분열(B.C 930)이 보일 것이다. 그리고 열왕기상 앞부분(1-11장)과 역대하 앞부분이 이에 해당된다. 그림에 표시된 순서를 따라서 아가서 먼저 살펴보도록 하겠다.

아가서는 하나님의 자비하심을 나타낸다고 볼 수 있다. 다시 말하면 예수 그리스도와 교회와의 관계를 신랑과 신부의 달콤한 관계로 묘사함[74]과 동시에 올바른 결혼 생활에 있어서의 기쁨을 말하고 있다.[75]

74) 아가서를, 우리를 향한 예수 그리스도의 사랑으로 본다면, 우리는 정말 귀한 존재입니다. 우리는 남들의 부러움을 살 만한 존재들입니다.(크리스토퍼 허드슨 외 지음, 「하루만에 꿰뚫는 성경관통」, 196. 참조.)

75) 유대인의 남자들은 결혼생활의 성문제에 관한 책을 30세 이전까지는 읽을 수 없었다고 한다.(테리 홀, 「성경종합개관」, 70. 참조.)

좀 더 자세히 설명하자면 술람미 여인같이 보잘것없는 자에 대한 주님의 사랑이 시작되었으며(1장), 그 사랑이 병이 날 정도로 깊어졌으며(2장), 결국 결혼으로 이어지고(3장), 신부의 아름다움을 칭찬하는 신랑의 노래가 있게 되지만(4장), 사소한 오해로 시련을 당하게 되자 신부가 자신의 실수를 깨닫고 신랑을 찾아 나서면서(5장), 사랑이 다시 회복되는데 신랑은 항상 변치 않는 사랑을 보여줌(6장), 사랑이 점점 더 깊어져감(7장), 그 사랑은 죽음보다 강하게 깊어진 사랑임을 말하고 있다(8장).

가장 값지고 가치 있는 것은 사랑이다. 바울은 롬 8:39에서 끊을 수 없는 하나님의 사랑을 말하고 있다. 우리는 하나님의 자비가 영원함을 찬양하지 않을 수 없다.

4) 잠언

솔로몬이 중년에 지은 잠언(1:1, 10:1, 25:1)에는 아굴(30장)과 르무엘(31장)의 잠언도 포함되어 있다. 그는 일천번제[76]를 통하여 하나님께로부터 지혜와 더불어 부와 영광을 얻게 되었다.

76) 그는 무엇을 바라지 않고, 하나님 경외에 대한 순수한 표현을 한 것이다.(열왕기상 3장 참조.)

그는 잠언을 기록한 목적을 1:1-6에 밝힌 다음 여호와를 경외함이 지혜와 지식의 근본임을 강조하고 있다(1:7). 그것은 생명으로 인도하며, 악한 것으로부터 우리를 보호하고, 재물과 영광과 생명으로 보응 받게 한다. 세상 사람들은 자기들을 첫째로 치고, 우주의 중심인 것처럼 모든 것을 해석하며 살기 때문에 결국 어리석음으로 끝나고 만다. 그러나 그리스도인들이 여호와를 경외함은 하나님의 지혜와 능력의 표현인 예수 그리스도를 믿는 데 있다. 그 안에는 지혜와 지식의 모든 보화가 감추어져 있다(골 2:3). 그러므로 그리스도인들의 지혜는 하나님의 주권을 믿고, 순종하며 살아가는 것이다.

덧붙여 말하자면 잠언은 마음(4:23, 15:13, 16:32, 17:22, 18:14...), 말, 구제, 게으름과 부지런함 등의 주제로 살펴보면 지혜로운 삶에 대한 많은 것을 알게 될 것이다.[77]

77) 잠언의 915개 절에는 분별 있고 유익한 생활을 위한 매우 현실적인 교훈들이 많이 있습니다.(테리 홀, 「성경종합개관」, 69. 참조.)

지혜의 왕 솔로몬이라는 말과는 다르게 그의 말년에는 비참했다.

왜냐하면 여호와를 경외함에서 떠나 그의 부인들이 가지고 들어와서 섬겼던 신들을 섬겼기 때문이다. 우리가 말할 수 있는 것은, 그가 다른 민족들의 지혜를 아는 데에 관심이 팔려 여호와에 대한 경외심을 잊고 세상의 지혜를 받아들이기 시작했을 것이라는 사실이다.[78] 이 사실은 우리들에게 많은 것을 시사해준다.

78) 그레엄 골즈워디, "잠언", 「지혜서 강해집」 (서울: 성서유니온, 1993), 67.

5) 전도서

전도서는 솔로몬의 말년에 기록된 것으로 하나님의 영원성을 찬양하고 있다. 그는 사람이 누릴 수 있는 모든 부귀영화를 다 누렸다(지혜, 부, 쾌락, 노력, 자녀, 장수 등). 이중 어느 하나도 반드시 잘못되었다는 것은 아니다. 그럼에도 불구하고 모든 것이 헛되고, 헛되니 모든 것이 헛되고 헛되다고 말한다.

그 이유는 인생의 궁극적인 만족을 주는 것이 아니기 때문이다. 이와 같이 일시적인 것들에 인생의 초점을 맞춘다는 것은 비누 방울을 잡는 것과 같다고 볼 수 있다. 우리의 힘으로 충분하다고 생각하고 살아가는 것은 자신을 속이는 것이다.

그는 이 세상의 그 누구도 지구상에서는 결코 궁극적인 만족을 얻지 못한다고 결론을 내린다. 그런 후 그는 하나님을 알지 못하는 인생은 전혀 의미가 없으며 우리 인간은 완전한 존재가 아니기 때문에 하나님을 떠나서는 결코 인생의 진정한 의미를 실현할 수 없을 것이라고 토로한다.[79]

79) 필립 얀시 지음, 「맥잡는 성경 읽기」, 107-108.

그러므로 그가 말하고자 하는 것은 영원하신 하나님께 소망이 있다는 것이다. 목자에 대한 양의 친밀한 관계처럼, 하나님과의 올바른 관계를 떠나서는 아무 것도 의미가 없다.[80] 그는 해 아래의 모든 것을 관찰하고, 우리들에게 충고하고 있다.

80) 존 A. 데이비스, "전도서", 「지혜서 강해집」 (서울: 성서유니온, 1993), 139.

"모든 것이 헛된 해 아래를 의미 있고 보람 있게 하는 해 위를 바라보며 살라".

"해 아래에는" 행복이 없다. 그는 해를 넘어선 그곳, 아들(Son) 안에서 행복이 발견되어야 함을 배우고서는 결국 전 12:13-14로 결론을 내린다.

"일의 결국을 다 들었으니 하나님을 경외하고 그의 명령을 지킬지어다 이것이 모든 사람의 본분이니라 하나님은 모든 행위와 모든 은밀한 일을 선악 간에 심판하시리라".

3. 구약선지서

시가서에 이어 선지서 17권을 그림에서는 빨간색으로 구분했다. 성경책의 순서는 이사야로부터 시작해서 말라기까지로 되어 있지만 여기에서는 바벨론 포로시대를 중심으로 해서 바벨론 포로 이전시대, 바벨론 포로시대, 바벨론 포로 이후시대로 나누어서 설명하도록 한다.

먼저 그림에서 빨간색으로 구분된 위에 굵은 검은색 선을 쭉 따라 올라가면 남북분열이라고 되어 있는 B.C 930년부터 구약성경의 끝이라고 되어 있는 B.C424년까지 확인하기 바란다. 이 기간이 선지자들이 활동했던 시기다. 대부분 북이스라엘은 앗수르에게 B.C 722년에 멸망당했고, 남유다는 B.C 586년에 멸망당했다고 알고 있다. 그림을 보면 B.C 586년에 성전이 파괴되고 B.C 516년에 성전이 재건된 것을 볼 수 있다. 물론 70년이다. 그러나 바벨론 포로시대를 바벨론이 유다를 정복해서 처음 포로를 잡아가기 시작했던 B.C 606년부터 스룹바벨에 의해서 처음으로 귀환하기 시작한 B.C 536년으로 한다. 이 정도로 해두고 바벨론 포로 이전시대부터 알아보도록 한다.[81]

81) 이 시대는 다시 분열왕국시대(B.C 930-722)와 생존왕국시대(B.C 722-586)로 나누어진다. 남북분열이 있은 후 북이스라엘이 앗수르에게 멸망하기까지가 분열왕국시대이고, 남유다만 남아서 바벨론에게 멸망당하기까지가 생존왕국시대다. 분열왕국시대에 남과 북에서 활동했던 선지자들은 7명이다. 다음과 같이 외우면 쉽다. **옵욜욘 암호 미사** : 옵욜욘의 밑에 받침을 보면 모음이 하나씩 빠진 순서로 되어 있음을 확인할 수 있다. 다음에 "옵욜욘이란 사람의 암호는 미사다"라는 식으로 외우면 된다.

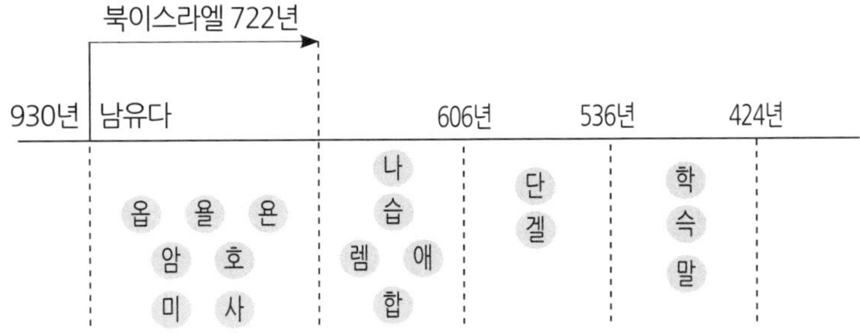

1) 오바댜

오바댜서는 에돔의 멸망에 관한 것이다. 이스라엘과 에돔을 거슬러 올라가면 야곱과 에서에서 만나게 된다. 그들은 원수지간이었다. 따라서 에돔은 형제임에도 틈만 나면 이스라엘을 괴롭혔다.

이에 대해 유명한 설교가 캠벨 몰간은 "에돔은 한 사람의 삶이 한 국가의 삶으로 확대된 것이다"라고 말했다.[82]

82) 짐 타운센드 지음, 「의의 불을 밝힌 사람들」 박사욱 옮김 (서울: 죠이선교회, 1996), 42.

그들은 지리적으로 난공불락의 성에 살았고(3절), 독수리같이 빨랐으며(4절), 지혜와 지각이 있었고(8절), 용사들이었다(9절). 이러한 그들의 운명은 멸망이었다. 왜냐하면 그들은 형제인 유대민족이 이방인들에게 공격을 받을 때, 돕지 않고 도리어 공격하는 자들을 도왔기 때문이다.

하나님께서는 에돔이 야곱을 시기하고, 감정이 좋지 않은 것까지는 인정하겠는데, 그래도 행동이 너무 지나치지 않느냐? 는 것이다. 한마디로 "지나침"이다. 이러한 에돔에 대한 심판의 기준은 "너의 행한 대로"이다. 에돔은 이스라엘이 징계 받는 것을 보고 좋아하며 자기들이 옳음을 정당화 하지만 결국에 가서 자신들이 멸망 받게 될 것을 모르고 있었다. 훈련받는 자들에게는 소망(회복)이 있지만, 훈련시키는 그들은 사용하신 후 버리신다(멸망). 따라서 그들을 볼 때 불쌍히 여기는 마음을 가져야 했던 것이다.

2) 요엘

요엘 선지자에 대하여 알 수 있는 것은 "브두엘의 아들"(1:1)이 전부이다. 요엘은 메뚜기 떼의 임함같이(1:4), 여호와의 날〈심판〉이 임할 것이니까(1:15, 2:1, 2:11, 2:31, 3:14) 회개하라는 것이다(2:12-14).

"너희는 옷을 찢지 말고 마음을 찢고 너희 하나님 여호와께로 돌아올지어다"(2:13).

그리하면 회복될 것이고〈먼저 의의 교사인 예수 그리스도를 보내시고〉, 그 후에 성령을 주시겠다는 것이다.

"그 후에 내가 내 영을 만민에게 부어 주리니 너희 자녀들이 장래 일을 말할 것이며 너희 늙은이는 꿈을 꾸며 너희 젊은이는 이상을 볼 것이며 그 때에 내가 또 내 영을 남종과 여종에게 부어 줄 것이며"(2:28-29).

이 말씀은 미래에 성취될 일로(행 2:16), 후에 베드로가 설교할 때

이 부분을 인용하였다(행 2:17-21).

그리고 그 날과 그 때가 있음을 열국에 선포하라는 것이다. 즉 흩어졌던 하나님의 백성들은 다시 돌아 올 것이고, 그들을 괴롭혔던 자들은 하나님의 심판을 받게 됨을 말한다. 하나님의 훈련이 끝나면 도구들은 사라지게 된다.

선지서를 이해함에 있어서 중요한 통시적 방법

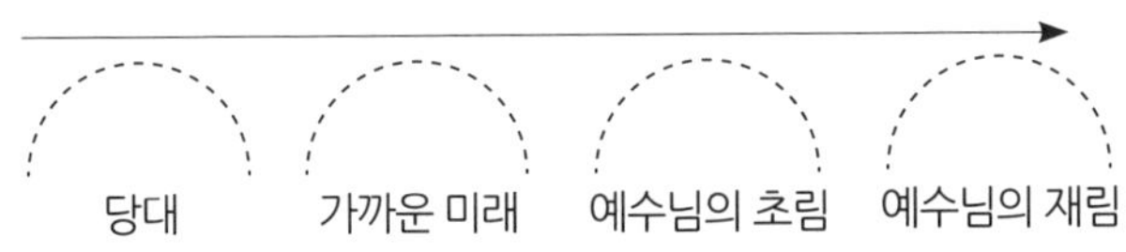

이러한 시각을 가질 때 말씀이 항상 현재성을 가짐

3) 요나

요나는 편협 되고 왜곡된 정신을 가진 이스라엘을 상징한다고 볼 수 있다. 요나서를 통하여 울타리 밖에 있는 사람들에 관한 하나님의 마음을 알고 그들에 대한 올바른 사고를 가져야 한다.

하나님은 요나에게 니느웨로 가서 그 성을 쳐서 외치라고 했지만 그는 반대편인 다시스로 가는 배에 오르게 되었다.[83] 하나님께서는 바다에 바람을 일으키시고, 제비뽑기에 뽑히게 하시고, 결국 바다에 던져지게 하셨다.

83) 그 이유가 4:2에 나온다.

요나는 하나님께서 예비하신 큰 물고기 뱃속에서 삼일을 보내면서 하나님을 찾는 기도를 드렸다(2:4, 2:7). 이걸 보면 고난은 인생의 좋은 파트너인 것을 알 수 있다. 하나님은 기도에 응답하셔서 큰 물고기로 하여금 요나를 토하게 하셨다.

요나에게 동일한 말씀을 또 하셨다. 하나님은 참으로 집요하신 분이다. 반드시 그를 통하여 그 일을 하신다. 요나는 니느웨성에 가서 외쳤다.

"사십일이 지나면 니느웨가 무너지리라"(3:4)

그런데 놀라운 일이 벌어졌다. 회개한 자가 전파하는 회개는 대단한 위력을 발휘했다. 니느웨 백성들이 하나님을 믿고 왕으로부터 짐승에 이르기까지 금식하며 회개한 것이다. 그들은 롯의 사위들처럼 농담으로 여기지 않았다. 40에서부터 카운트다운을 하지 않았다. 그들은 그 말씀을 믿고 회개하자 하나님께서 뜻을 돌이키셨다. 이에 대하여 예수님께서 말씀하셨다.

"심판 때에 니느웨 사람들이 일어나 이 세대 사람을 정죄하리니 이는 그들이 요나의 전도를 듣고 회개하였음이어니와 요나보다 더 큰 이가 여기 있느니라"(눅 11:32)

요나는 하나님께서 그들을 이스라엘과 동일하게 취급하는 것이 너무 싫었다. 자기 뜻대로 안되니까 하나님께 항의도 했다. 하나님께서는 그러한 요나를 위하여 박 덩굴과 벌레, 그리고 동풍을 준비해서 깨닫게 하셨다.

“요나야! 너 내 입장을 생각해 보았니?”

후란츠 델리취(Franz Delitzsch)는 “이 책은 하나님이 말씀하셨다는 기록으로 시작하여 하나님이 하신 말씀으로 끝을 맺으며, 선지자는 욥과 같이 침묵할 뿐이다”라고 말했다.[84]

84) 짐 타운센드 지음,「의의 불을 밝힌 사람들」, 48.

하나님은 모든 사람이 구원을 받으며 진리를 아는데 이르시기를 원하신다(딤전 2:4). 교회 밖에 있는 사람들과 모든 민족들을 향한 사고가 넓어지기를 바란다.

4) 아모스

북이스라엘은 여로보암2세가 통치할 때 가장 부강했다. 그러나 영적으로는 아주 밑바닥이었다. 이런 상황에서 하나님은 남 유다 사람인 아모스를 부르셨다. 그는 선지자가 아니라 목자요 뽕나무를 배양하는 자였다. 그럼에도 불구하고 그를 보낸 것은 북이스라엘에 말씀이 없었기 때문이었다.

특히 아모스서를 볼 때는 5장 24절[85]과 8장 11절[86]을 염두에 두고 보기 바란다.

85) 오직 공법을 물 같이, 정의를 하수 같이 흘릴지로다.

86) 주 여호와께서 가라사대 보라 날이 이를지라 내가 기근을 땅에 보내리니 양

식이 없어 주림이 아니며 물이 없어 갈함이 아니요 여호와의 말씀을 듣지 못한 기갈이라.

아모스는 1-2장에서 독특한 기법으로 이스라엘의 죄를 고발하고 있다. 즉 주변 나라들의 서너 가지 죄(몇 가지 안 되지만 아주 중요한 죄)로 인한 심판을 언급하면서 결국 북이스라엘의 심판을 경고하고 있다.

3-6장까지는 들으라(3:1), 들으라(4:1), 들으라(5:1), 화 있을진저(6:1). 즉 심판 받아 마땅함을 말하고 있다. 그들은 세상 재미에 빠져 있었다. 하나님 없는 행복에 취해 있었다. 그들은 하나님을 찾지 않았다. 모든 것이 그저 형식이었다.[87] 그러한 자들에게 하나님은 "너희는 나를 찾으라 그리하면 살리라"(5:4)고 애타게 부르셨다.

87) 아모스가 전한 메시지의 골자는 하나님께서 이스라엘 백성들의 예배를 흡족해 하지 않는다는 것이었습니다. 그들은 성전에 올라가 예배했습니다. 하지만 그 길로 내려와 가난한 사람들을 압제했습니다. 그들은 율법의 규정대로 의식을 행했지만 마음과 삶으로 하나님을 예배하지 않았습니다. 이 때문에 하나님께서 아모스를 통해 그들의 잘못을 지적하신 것입니다.(크리스토퍼 허드슨외 지음, 「하루만에 꿰뚫는 성경관통」, 218. 참조.)

7-9장까지는 5가지의 환상을 통하여 하나님의 징벌하심과 용서를 선포하고 있다. 하나님의 뜻을 돌이켰던 아모스도 하나님께서 다림줄을 가지고 오자 할 말이 없었다. 말씀에 비추어 헐고 다시 세우는 수밖에 없었다. 기초가 잘못된 신앙의 부실공사는 허물고 다시 세워야 한다. 그만큼 기초가 중요한 것이다.

아모스는 마지막 부분에서 하나님께서 무너진 다윗의 장막을 회복할 것을 말하고 있다. 하나님의 나라는 사람이 지키는 나라가 아닌 하나님이 친히 지켜 주시는 나라이며, 예배의 영광만 잃어버리지 않으면 모든 것이 해결되는 나라인 것이다. 아모스가 예언한 성령의 시대에 살고 있는 우리는 성령의 큰 역사가 일어나도록 기도해야 한다.

5) 호세아

호세아〈이름의 뜻은 "구원"〉는 하나님의 말씀을 따라 음탕한 여인 고멜을 아내로 맞아 자녀들을 낳았다. 그들의 이름은 이스르엘(하나님이 흩으신다), 로루하마(사랑을 받지 못한다), 로암미(내 백성이 아니다)였다. 그러나 결국 모으실 것과 루하마(사랑을 받는다), 암미(내 백성이다)로 대할 것을 선포하셨다. 하나님은 이스라엘을 "불구하고의 사랑"으로 사랑하셨다.

호세아는 "내 백성이 지식이 없으므로 망하는도다"(4:6)고 외쳤다. 그들은 번성할수록 하나님으로부터 멀어졌으며, 하나님이 떠났음을 깨닫지 못했고, 완강한 암소처럼 완강했다. 하나님은 그들이 돌아오기를 기다리셨다. 하나님이 원하시는 것은 재결합이었다. 하나님은 인애와 자신을 아는 것을 원하셨다. 그러나 그들은 너무 중병에 걸려 있었다. 한마디로 "뒤집지 않은 전병"이었다(7:8). 계속해서 신호를 보냈지만 그들은 듣지 않았다. 묵은 땅을 기경하기 원했지만 그들은 하나님께 돌아오기를 싫어했고, 결심하고 물러갔다.

그럼에도 하나님의 긍휼은 불붙듯 했다.[88] 하나님은 사람이 아니라 하나님이셨다. 우리는 호세아서를 통해서 하나님의 불붙는 사랑과 집요한 추적, 그리고 강력한 회개 촉구를 느낄 수 있다. 하나님은 사랑하시되 고치고 즐거이 사랑하기를 원하셨던 것이다.

88) "자비, 긍휼"이란 뜻의 히브리어 헤세드(הֶסֶד)는 구약에서 유달리 빛을 발하는 단어이다. 헤세드는 감정 이상을 뜻하며, 언약과 관련된다. 헤세드란 단어는 구약에 275번 가량 나온다. 그것은 의무를 다하는 사랑이다.(짐 타운센드 지음, 「의의 불을 밝힌 사람들」, 21. 참조.)

6) 미가

하나님께서 심판주로 임하시는 이유는 사마리아와 예루살렘의 허물과 죄 때문이었다(1:5). 그것은 예배의 무너짐이었다. 그러다 보니 겉으로는 하나님 백성 같은데 속으로는 세상 사람들과 다를 바 없었다. 한마디로 빛 좋은 개살구였다. 미가 선지자는 사마리아를 보고도 깨닫지 못하는 예루살렘이 멸망하고, 성전이 무너지고, 노예로 잡혀갈 것을 바라보면서 벗은 몸으로 들개같이 애곡하고 타조처럼 애통하면서 도시들을 돌지 않을 수 없었다.

그들이 심판 받아 마땅한 죄는 밭과 집들을 탐하여 취한 것과 거짓된 말씀을 따르는 것과 지도자들의 압제 등이었다. 그들은 하나님과의 바른 관계보다 세상에서 잘 되는 것을 더 중시하였다. 예배의 실패는 윤리적인 타락으로 나타났다. 모든 것이 뒤죽박죽되어 버렸다. 바르던 것들이 굽어 버렸다. 또한 돈이 가장 귀한 것이 되어 버렸다.

"그들의 우두머리들은 뇌물을 위하여 재판하며 그들의 제사장은 삯을 위하여 교훈하며 그들의 선지자는 돈을 위하여 점을 치며"(3:11).

이러한 자들을 향하여 미가 선지자는 도래할 평화의 나라(4장)와 앞으로 오실 평화의 왕에 대하여 선포하였다.

"베들레헴 에브라다야 너는 유다 족속 중에 작을지라도 이스라엘을 다스릴 자가 네게서 내게로 나올 것이라 그의 근본은 상고에, 영원에 있느니라"(미 5:2).

그리고 하나님의 원하시는 것 세 가지, 즉 오직 공의를 행하며, 인자를 사랑하며, 겸손히 하나님과 함께 행할 것을 말했다(6:8). 성경학자 포위스 스미스(J.M.Powis Smith)는 미가 6:8을 능가하는 말씀이 구약에서는 전혀 없고 신약에서도 거의 찾아볼 수 없을 만큼 위대한 말씀이라고 하였다.[89] 예수님께서도 외식하는 종교지도자들을 향하여 "율법의 더 중한 바 정의와 긍휼과 믿음은 버렸도다"(마 23:23)라고 책망하셨다.

89) Ibid., 65.

북 이스라엘에 아모스가 있었다면(암 5:24), 남 유다에는 미가가 있었다. 그는 더 나아가 하나님께서 회복하실 것(7:7-8)에 대하여 그 근거로 하나님의 성실과 인애를 들어 말하고 있다.

"주께서 옛적에 우리 조상들에게 맹세하신 대로 야곱에게 성실을 베푸시며 아브라함에게 인애를 더하시리이다"(7:20).

7) 이사야

이사야서는 성경이 66권이듯이 66장으로 구성되어 있다. 구약이 39권, 신약이 27권으로 되어 있듯이 내용이 이스라엘의 고난(1-39장)과 이스라엘의 영광(40-66장)에 대한 메시지로 이루어져 있다.[90]

90) 짐 타운센드 지음, 「구약세계여행」 김희건 옮김 (서울: 죠이선교회, 1994), 120.

짐승만도 못한 하나님의 백성들, 그들의 제사는 마음도 없이 하나님의 마당만 밟는 수준이었다. 그들의 삶은 극상품의 포도를 심었는데 들포도를 맺었다. 이러한 이스라엘에 대한 하나님의 심판과 주변나라들에 대한 하나님의 진노에 따른 멸망을 예언하면서도 "임마누엘"(사 7:14)[91]과 메시야의 탄생〈사 9:1-7〉, 그리고 메시야의 통치〈사 11:1-5〉를 말하고 있다. 그는 고난 중에서도 소망을 전했다.

91) 마 1:23, 하나님이 우리와 함께 계시다.

외치는 자의 소리인 세례 요한의 탄생을 예고했다(사 40:3-8). 뿐만 아니라 포로생활에서의 귀환(사 44:28-45:7)과 고난의 종으로 오실 예수 그리스도(사 53:5)를 전했다. 이사야서에는 많은 걸작이 들어 있지만, 그 중 가장 사랑 받는 것은 53장일 것이다. 어떤 이들은 그것을 가리켜 구약의 요한복음 3:16이라고 한다.

이 "값없는 하나님의 은혜"(사 55:1-3)는 열방에 선포될 것이며(사 60:1-3) , 더 나아가 새 하늘과 새 땅이 도래할 것을 예언했다.

다음으로 생존왕국시대(B.C 722-606)에 활동했던 선지자들에 대하여 살펴보도록 한다. 다시 말하면 남 유다에 남아서 바벨론에게 멸망당하기까지 활동했던 선지자들이다. 그럼 나훔서부터 시작한다.

8) 나훔

요나에 의해 회개했던 니느웨가 약100년이 지난 후 죄악의 잔이 다시 넘치자, 이번에는 하나님께서 나훔 선지자를 통하여 난공불락의 앗수르가 완전히 멸망할 것을 선포하셨다. 그는 당대 최대의 도시 니느웨의 멸망을 앞두고 장송곡을 부른다. 니느웨의 멸망은 당시 앗수르로부터 압제를 받던 유다의 구원이기도 하였다.

여호와는 대적들에게 투기하며[92] 보복하시는 하나님이시지만, 자기를 의뢰하는 자들에게는 산성이시다. 나훔은 다음과 같은 말로 자기 백성을 위로하였다.

92) 대적들에 대해 하나님이 가지시는 강렬한 질투의 감정.

"여호와께서 이같이 말씀하시기를 그들이 비록 강하고 많을지라도 반드시 멸절을 당하리니 그가 없어지리라 내가 전에는 너를 괴롭혔으나 다시는 너를 괴롭히지 아니할 것이라 이제 네게 지운 그의 멍에를 내가 깨뜨리고 너의 결박을 끊으리라"(1:12-13).

그는 2장에서 전쟁으로 말미암아 "공허하고 황무하게 될 니느웨"의 참상을 생생하게 그리고 있다. 이렇게 멋지게 묘사한 문학작품도 드물 것이다.

3장에서는 니느웨가 그와 같은 일을 당하게 되는 것은 수많은 열국과 족속들을 미혹하는 매춘부가 되었음에도 하나님을 멸시하고 두려워하지 않았기 때문임을 말하고 있다. 그래서 하나님께서 그들의 대적이 되셨다. 온 세상에 그들의 수치를 드러낼 때 아무도 니느웨를 동정하지 않을 것이다. 그들의 상처는 중하였다(3:19). 그들에게는 희망이 없었다. 그것으로 모든 것이 끝이었다. 나훔의 예언대로 역사 속에서 모두 이루어졌다.

9) 스바냐

여호와를 배반하고 좇지 아니한 자와 여호와를 찾지도 아니하며 구하지도 아니한 자(1:6), 그리고 심중에 스스로 이르기를 여호와께서 복도 내리지 아니하시며 화도 내리지 아니하시리라고 하는 자들(1:12)에게 여호와의 날[93]이 가까이 왔음을 말하면서 회개할 것을 권면하고 있다(2:3).

93) 사실 스바냐는 다른 어떤 선지자보다도 풍부하게 여호와의 날을 묘사한다. 스바냐 1:2, 3에 나오는 하나님의 심판선언은 창세기 6장에서 9장에 걸쳐 나오는 노아의 홍수 때보다도 훨씬 심각하게 파국을 예기하게 만든다. 1:3을 보면 언어유희가 나타난다. 아담(אָדָם, "사람")은 아다마(אֲדָמָה, "지면")에서 멸절될 것이다.(짐 타운센드 지음, 「의의 불을 밝힌 사람들」, 78. 참조.)

이어서 주변에 있는 불레셋, 모압과 암몬, 구스, 앗수르에 대한 심판을 설명하면서 예루살렘이 회개할 것을 촉구했다. 여호와의 날은 악한 자들에게 심판의 날이지만 남은 자들에게는 기쁨의 날이기도 했다.

모든 세대에 소수의 신실한 사람들이 하나님을 따른다.[94] 하나님의 눈은 언제나 진실한 믿음의 사람들을 향하여 있다. 이러한 남은 자들에 대한 하나님의 기쁨이 얼마나 큰가를 보여주고 있다.

94) 엘리야 때에 7,000명을 남겨두심 같이.

"너의 하나님 여호와가 너의 가운데 계시니 그는 구원을 베푸실 전능자이시라 그가 너로 말미암아 기쁨을 이기지 못하시며 너를 잠잠히 사랑하시며 너로 말미암아 즐거이 부르며 기뻐하시리라 하리라"(3:17)

그러므로 성도들은 자기 세대에 하나님이 기뻐하시는 그루터기가 되어야 한다.

10) 예레미야

예레미야는 남유다의 마지막 시기에 활동했다. 북이스라엘을 통하여 유다의 결국을 보여주었지만 회개치 않고 생수의 근원이신 하나님을 버리고 애굽과 앗수르를 의지했다. 이러한 유다를 보고 예레미야는 너무 슬펐다(4:19-22). 그는 눈물의 선지자였다.

그들의 죄가 하나님께로부터 오는 모든 좋은 것을 막았다. 그럼에도 놀라운 것은 "선지자들은 거짓을 예언하며 제사장들은 자기 권력으로 다스리며 내 백성은 그것을 좋게 여긴다"(5:31)는 것이었다. 그들에게는 평강이 없었다. 그들은 돌이키기보다 도리어 열방의 길을 배웠다.

예레미야는 싫은 소리하기도 싫었고, 듣지도 않는 말 전하기도 싫었고, 핍박과 조롱당하는 것도 싫었다. 그러나 그는 전하지 않으면 견딜 수가 없었다(20:9). 그들이 하나님 말씀을 청종치 않는 것은 어려서부터 습관이었다(22:21). 예레미야는 유다로 하여금 바벨론에 항복하면 살리라고 했지만 듣지 않았다.

하나님께서 70년간 포로생활을 정하셨다는 것과 그렇게 할 수밖에 없는 하나님의 마음을 전했지만(29:10-14) 외면하는 그들에게 레갑 족속을 예로 들었다(35장). 예레미야는 죽을 고비를 여러 번 넘기지만 하나님 말씀을 그대로 전했다. 끝까지 말 안 듣는 그들을 하나님께서 바벨론을 들어서 징계하시고, 다 사용한 바벨론은 버림받게 될 것을 예언했다.

11) 예레미야애가

대하 35:25은 애가를 예레미야가 지었음을 확인해 주고 있다. 5장까지로 되어 있고, 알파벳 순서에 따라 22절로 되어 있고, 3장은 3배인 66절로 되어 있다. 암송하기에 편리하지만 단조로운 단점이 있다. 이것을 피하기 위하여 '킨나'[95]라는 리듬을 사용하고 있다.

95) 짧게 끊어가면서 감정을 격동시키는 뛰어난 리듬.

예레미야는 유다가 구원치 못할 나라(애굽과 앗수르: 4:17, 5:6)를 바라보고 또 바라보는 것에 큰 소리로 높여 울었다. 그래서 애가다(1:2, 2:11, 3:48). 우리는 여기에서 그렇게 할 수밖에 없으신 하나님의 마음을 알아야 한다. 아픈 것만 생각하지 말고, 때릴 때 하나님의 마음은 "어떨까"를 생각해야 한다(3:33, 렘 29:11, 신 8:16). 고난은 은혜가 은혜 되게 하는 한 방편임을 알게 된다.

우리는 하나님의 자비에 소망이 있다(3:22-26). 그러므로 우리는 "스스로 자신의 행위를 조사하고 손을 하나님께 들어야"(3:40-41) 한다. 왜냐하면 마지막 소망은 그래도 하나님이시기 때문이다.

12) 하박국

하박국은 하나님과의 대화(1-2장)와 하나님에 대한 찬양(3장)으로 구성되어 있다. 하박국 선지자는 하나님께 두 가지 질문을 했다. 어쩌면 그는 질문 두 개하고 사역을 마친 선지자라고 볼 수도 있다.

첫 번째 질문은 왜 하나님께서 악을 그냥 두시는가? 하는 것이었다. 이에 대한 하나님의 대답은 내가 그냥 보고만 있는 것이 아니라 갈대아 사람을 일으켰다는 것이었다(1:6). 그들은 그 힘으로 자기 신을 삼는 자들이었다(1:11).

두 번째 질문은 그런데 왜 하필이면 하나님께서 악한 자들을 사용하시는가? 하는 것이었다. 그에 대한 하나님의 대답이 2:2-4에 나온다.

"너는 이 묵시를 기록하여 판에 명백히 새기되 달려가면서도 읽을 수 있게 하라 이 묵시는 정한 때가 있나니 그 종말이 속히 이르겠고 거짓되지 아니하리라 비록 더딜지라도 기다리라 지체되지 않고 반드시 응하리라 ... 의인은 그의 믿음으로 말미암아 살리라".

특히 2:4의 "의인은 그의 믿음으로 말미암아 살리라"는 구절은 바울이 로마서에서 논증하는 주제이기도 하다(롬 1:17). 그리고 갈라디아서 3:11과 히브리서 10:38절에서도 인용했다. 더 나아가 종교개혁자들이 종교개혁을 일으키는 불씨가 되기도 했다.

2:5이하에서는 하나님의 도구에 불과한 갈대아인들에게 임할 심판을 묘사하고 있다. 아삽이 성전에 들어갔을 때 그의 고민이 해결되었듯이(시 73편), 하박국 선지자도 하나님께 더 질문할 것이 없었다(2:20). 그는 도리어 찬양이 담긴 열정적인 기도를 드렸다.

"여호와여 주는 주의 일을 이 수년 내에 부흥하게 하옵소서 이 수년 내에 나타내시옵소서 진노 중에라도 긍휼을 잊지 마옵소서"(3:2)

결국, 그는 구원과 힘이 되신 하나님께 찬양을 드렸다(3:17-19).

그럼 바벨론 포로시대 때 활동했던 선지자(다니엘, 에스겔)에 대하여 살펴보도록 한다.

13) 다니엘

다니엘은 왕족으로서, 1차포로 때 잡혀가서, 느부갓네살 왕에 의하여 발탁되어 에스겔과 달리 궁중에서 지내며 활동하게 되었다. 어쩌면 그는 정치가로 볼 수도 있다. 그와 함께 한 친구는 사드락과 메삭과 아벳느고였다.

다니엘은 느부갓네살 왕의 꿈을 이야기함으로 하나님을 높이게 되고, 그의 세 친구는 "그리 아니하실지라도"의 신앙으로 하나님을 높이게 되었다. 다시 말해 다니엘을 통해 하나님의 전지하심을, 세 친구를 통해 하나님의 전능하심을 나타냈다. 느부갓네살 왕은 한번 낮아졌다가 높아짐으로 하나님께서 교만한 자를 능히 낮추심을 알고 찬양을 드리지만 그의 아들 벨사살은 아버지를 통하여 그러한 것을 경험했음에도 불구하고 교만하게 행함으로 죽게 되었다.

다리오 왕이 통치할 때 다니엘은 그를 시기하는 자들의 모함으로 사자굴 속에 들어갔다가 살아남으로 다시 한 번 하나님의 살아 계심을 증거했다. 다니엘은 고레스왕의 시대에도 형통하였다. 그가 뜻을 세우고, 4명의 왕을 섬기며 하나님을 드러내는 삶을 살 수 있었던 한 가지 사실은 그가 기도하는 사람이었다는 것이다(6:10, 9:3, 10:12).

7장부터는 그가 받았던 환상에 대한 내용(네 짐승, 숫양과 숫염소, 칠십 이레, 남방왕과 북방왕, 대환난)과 그에 따른 해석들을 기록하고 있다. 그리고 하나님은 자신이 작정하신 뜻대로 행하시는 분임을 나타냈다.

다시 말하면 하나님께서는 역사 속에서 다니엘과 세 친구를 보호하심을 통하여 현재를 지배하고 계심(1-6장)과 택한 자들을 구원하시는 환상을 통하여 작정하신 미래의 목표를 향해 일하고 계심을 보여 주셨다(7-12장).

14) 에스겔

에스겔은 2차포로 때(597 B.C) 여호야긴왕과 함께 사로잡혀 가서, 그발강 가에서 지내며, 22년 동안 활동하게 되었다. 그는 하나님의 영광을 보고 사명을 받게 되었다(3:3, 3:11, 3:17). 그들이 하나님의 성전을 더럽혔으므로 그 곳에서 하나님의 영광이 떠나게 되었다. 하나님께서 성전의 상황을 보며 탄식하는 자(심령이 상한 자)에게 표하라고 했다. 에스겔은 외쳤다.

"이스라엘 족속아 너희가 어찌하여 죽고자 하느냐"(18:31).

하나님은 에스겔을 통하여 바벨론에 포로로 잡혀갈 것에 대하여 행위의 언어(행구, 옆으로 잠을 잠, 머리카락, 아내의 죽음 등)로 전하게 했다. 이렇게 하여 하나님은 자신이 여호와이심을 나타내셨다. 에스겔서에는 "내가 여호와인줄 알리라"는 말이 48장 중 27장에 걸쳐 62번이나 나온다. 그들은 징계를 받음으로 말미암아 하나님께서 여호와이심을 알게 될 것이다.

하나님은 바벨론을 도구로 사용하여 이스라엘의 가시, 찌르던 것, 의지하던 갈대 지팡이 같은 주변의 나라들을 멸망시키실 것을 말씀하셨다. 하나님은 사는 것을 기뻐하신다. 그러므로 돌이키라는 것이다(딤전 2:4 참고). 그들은 예루살렘 성전이 함락될 때까지 거짓 희망에 사로잡혀 있었다.

결국 예루살렘 성전이 함락되고 모두들 절망에 빠져 있을 때, 하나님께서 미래에 대해 갖고 계시는 회복에 대한 뚜렷한 계획을 전해주었다. 그것이 바로 마른 뼈에 대한 환상(37장)[96]과 새로운 성전에 대한 환상(47장)[97]이었다. 성전에서 떠났던 하나님의 영광이 다시 돌아올 것이다. 그리고 여호와 삼마(여호와께서 거기 계시다) 하실 것이다.

96) 루아흐(하나님께 사용될 때 '성령', 정신이나 사람과 연관될 때 '영', 초자연적으로 사용될 때 '영들', 기운이나 자연에 상관될 때 '바람')라는 히브리어 단어는 핵심적인 영향을 미친다. 이 단어는 구약성경을 통틀어 389번 사용되었는데, 가장 많이 사용된 책이 바로 에스겔서다. 그리고 37:1-14의 마른 뼈 환상은 14절에 10번이나 나온다. 또한 에스겔서에서 사람과 연관되어 8번, 초자연적으로 6번 사용되었으나, 하나님께는 16번, 자연(하나님이 사용하시는)에는 22번 사용된 것을 볼 때 역동적인 하나님의 역사를 강조하고 있다. 즉 하나님의 영광의 존전이 단순히 영광스러운 모습으로 그냥 계시는 것이 아니라, 백성들의 구원을 위해 움직이시는 하나님의 역사가 강조되었다는 사실이다. 이런 면에서 하나님의 영은 영광스러운 영이실 뿐 아니라 자신의 피조물을 새롭게 하고 변화시키며 구원을 주시는, 역동적이고 우주론적인 영인 것이다. 이러한 성부의 임재, 성령의 회복케 하심이 나타날 뿐만 아니라 그리스도의 회복을 나타내는 것도 이 책의 중요한 목적이다.(이학재 지음, 「에스겔 어떻게 읽을 것인가?」(서울: 성서유니온선교회, 2002), 19-20. 참조.)

97) 성령 충만은 양이 아닌 지배의 개념이다.

지금부터는 바벨론 포로시대 이후에 활동했던 선지자들(학개, 스가랴, 말라기)에 대하여 살펴보도록 한다.

15) 학개

먼저 학개서다. 학개서를 이해하기 위해서는 글 박스 위로 올라가 보면 스룹바벨에 의한 1차 귀환 때로부터 시작하여 성전이 완공되기까지 약20년이 걸린 사실을 볼 수 있다. 무너진 성전을 다시 짓는데 있어서 그만큼 방해가 많았으며, 백성들은 짓다 포기하고를 반복하다가 거의 포기한 상태에 있었다. 학개는 그와 같은 현실에서 성전을 완공할 수 있도록 벽돌을 나르며 메시지를 선포한 선지자였다.[98]

98) 어빙 젠센은 이렇게 말했다. "학개만큼 자신의 메시지에 대한 반응을 빨리 얻은 선지자는 없다."(짐 타운센드 지음, 「의의 불을 밝힌 사람들」, 82. 참조.)

학개 선지자는 "여호와의 전을 건축할 시기가 이르지 않았다"고 변명하는 그들에게 네 번에 걸쳐 임한 하나님의 말씀을 전했다. 그 첫 번째는 "이 성전이 황폐하였거늘 너희가 이 때에 판벽한 집에 거하는 것이 옳으냐"(1:4)고 하면서 너희 삶을 통해 반성하고, 삶의 우선순위를 성전을 건축하는데 두라고 전했으며(1:8), 여호와께서는 모든 백성들의 마음을 흥분시켜(1:14) 전 역사를 시작하게 하였다. 그리고 그는 그 날을 잊을 수가 없어서 자세하게 기록하고 있다.

"그때는 다리오 왕 제이 년 여섯째 달이십사 일이었더라"(1:15)

두 번째로 전한 말씀은 지금 짓게 될 스룹바벨 성전은 아주 초라하기 짝이 없지만, 그 영광은 B.C. 586 에 파괴 된 솔로몬의 성전보다 훨씬 크리라는 것이었다(2:1-9).

세 번째로 학개는 성전 건축을 다시 시작한 그들에게 "너희가 성전 건축에 관심을 가지지 않고 자기 일에만 급급할 때 소출이 줄었었던 것과는 달리 이제는 하나님께서 복을 주실 것"이라고 말했다(2:11-19).

마지막으로 학개는 스룹바벨에게 주의 날에 받을 축복을 전해주었다(2:20-23).

학개서는 우리로 하여금 예수님께서 전해주신 "너희는 먼저 그의 나라와 그의 의를 구하라 그리하면 이 모든 것을 너희에게 더하시리라"(마 6:33)는 말씀을 생각나게 한다.

16) 스가랴

스가랴는 학개와 같은 시대에 살았던 인물로서 학개와 함께 성전 완공을 위해 백성에게 불을 붙이는 역할을 했다. 하나님께로 돌아올 것을 촉구한 스가랴는 성령의 능력으로 스룹바벨이 성전을 재건하게 될 것이라는 하나님의 약속(4:6-10, 1:7-6:8〈8개의 환상 참고〉)과 메시야를 예표하는 여호수아(6:12-13)를 통하여, 성전 건축을 격려하며 하나님 나라의 완성을 보여주고 있다.

7-8장에서는 예루살렘 멸망을 슬퍼하며 지켰던 금식이 포로생활에서 돌아 온 지금은 어떤 의미가 있는가?[99] 이처럼 당시 수단이 아닌 목적이 되어버린 금식 문제를 다루고 있다.

99) 유대인들은 "사월의 금식과 오월의 금식과 칠월의 금식과 시월의 금식"(슥 8:19)을 지켰다. 실제로, 하나님께서 그들에게 명령하신 것은 단 한 번의 금식, 대속죄일 뿐이었다(레위기 16:29).

9-14장까지는 메시야의 두 번 오심(초림과 재림)에 대하여 밝히면서 특히 재림에 대하여 강조하고 있다. 예수 그리스도의 재림은 하나님 나라의 완전한 실현을 말한다.

17) 말라기

번영이 아닌 고통을 겪게 되자 그들은 하나님의 사랑을 의심하기 시작했다(1:2). 그들은 성급히 환멸에 빠졌다. 하나님은 그들을 특별하게 다루셨음을 말하면서 질문을 던지고 있다.

"나를 공경함이 어디 있느냐?".

문제가 하나님께 있는 것이 아니라 그들의 죄악에 있었다. 그들의 편만한 죄는 지도자의 무감각, 제사의 부패함, 이방 여인과의 혼인, 부정, 압제, 부정직한 재정 등이었다.

말라기 선지자는 그들에게 회개를 촉구했으며, 순결한 제사를 드리고 율법을 준행하며 온전한 십일조를 드리면 하나님께서 축복하실 것이라고 전했다. 그는 하나님에 대하여 회의를 품는 자들에게(2:17, 3:14) 여호와를 경외하는 자의 이름이 여호와 앞에 있는 기념책에 기록되어 있으며, 특별한 소유가 되고 아낌을 받을 것이며, 악인과 분별될 것을 말했다.

그러면서 의로운 해이신(4:2, 눅 1:78-79 참고) 예수 그리스도가 오시기 전 엘리야로 표현된 세례 요한이 먼저 와서 주의 길을 예비할 것을 예언하면서 구약의 끝을 마치고 있다(4:5-6, 마 11:14, 17:10-13 참고). 이후 하나님은 이스라엘 백성들이 애굽에 내려가서 지내는 400년간 침묵하신 것처럼 예수 그리스도의 탄생까지 약 400년간 침묵하셨다.

4. 중간시대

구약성경의 끝에서부터 예수 그리스도의 탄생까지를 말하고자 한다. 글 박스 위로 올라가 보면 헬라, 마카비왕국, 로마가 보일 것이다. 이 시기에 하나님께서는 예수 그리스도의 나타나심을 위한 무대를 꾸미고 계셨다. 침묵 속에서도 일하고 계셨던 것이다. 헬라시대에는 헬라어를 통하여 사상적 배경을 만드셨고, 흩어진 유대인들을 통하여 성경을 보존하게 하시고 회당을 통하여 복음 전파의 발판을 마련하셨다. 로마를 통하여서는 복음 확장을 위한 도로를 닦으셨다.[100] 이 기간에, 70인경[101]과 외경[102], 위경이 만들어졌다.

100) 그 동안에 하나님은 그의 섭리로 여러 나라를 준비시켰다. 헬라제국은 아시아, 유럽, 아프리카 대륙의 문명을 통일시키고 국제적인 언어를 준비하였다. 로마는 세계적인 제국을 건설하고 어디에나 갈 수 있는 길을 만들고 있었다.(강영래, 「성서속을 달려라!」, 47. 참조.)

101) 에세네파의 사해사본 외에 신구약 중간시대에 쓰여진 것 중 가장 중요한 것은 아마도 70인역 성경일 것이다. 이 구약성경의 헬라어 번역판은 B.C.250년경에 이집트의 알렉산드리아에서 만들어졌습니다. 70인역이란 이름은 이 번역작업에 동참했던 사람이 72명이었던 데에 비롯된 것으로 보입니다(12개 유대지파에서 각각 6명씩 나옴). 히브리어가 죽은 언어가 되었기 때문에 70인역 성경은 당시의 주된 언어인 헬라어로 쓰여졌습니다.(테리 홀, 「성경종합개관」, 110. 참조.)

102) 외경(Apocrypha)을 계시(Apocalypse)와 혼동해서는 안 된다. Apocalypse는 계시록의 희랍어 제목으로 "드러내다"는 의미이며, 외경은 반대로 "감추인"이라는 의미다. 간단히 말해서, 외경은 로마 카톨릭 성경에 공식적으로 포함된 15개 책으로 개신교 성경에는 없는 부분이다.(짐 타운센드 지음, 「구약세계여행」, 134. 참조.)

정치적 판세를 좀 더 살펴보면 다음과 같다. 헬라의 알렉산더는 그의 스승 아리스토텔레스의 영향을 받아 꿈이 세계의 헬라화였다. 그러한 그가 33세의 나이로 죽자 그의 부하들 가운데 영향력을 미쳤던 프톨레미는 이집트 지역을 차지했고, 셀레우코스는 바벨론 지역을 다스리게 되었다. 프톨레미의 세력이 모든 지역에 영향력을 미치게 되고, 안렉산드리아라는 도시가 세워지고 구약을 헬라어로 번역한 성경인 70인경이 만들어졌다. 이 70인 역은 예수와 사도들이 사용하였기 때문에 중요하다.

그러다 세력의 판도가 셀레우코스 왕조의 안티오쿠스에게로 넘어가게 되었다. 그때 안디옥이란 도시가 16개 세워지게 된다. 안티오쿠스 4세가 제우스신을 섬기라고 강요하자 이에 유대인들이 마카비 혁명[103]을 성공적으로 이끌어서 짧은 기간이지만 독립적인 하스모니안 왕조가 세워졌다. 이들은 세력을 더 넓혀서 에돔을 점령하게 되고, 총독으로 안티파스(대헤롯의 할아버지)를 세우는 상황에까지 이르게 되었다.

103) 유대인들은 이 잔인한 탄압에 무장을 하고 궐기를 하게 됩니다. 이때 율법과 언약에 열심이었던 제사장 가문에 속한 맛다디아라는 사람은 그의 아들들(요한, 시몬, 유다, 엘르아살, 요나단)과 함께 이 탄압에 대항하여 투쟁합니다. 결국 이들의 활동으로 안티오쿠스4세에게서 독립하게 되는데 이를 가르쳐 우리는 마카비운동이라도 부릅니다.(이애실, 「어? 성경이 읽어지네!」, 189. 참조.)

안티파스는 당시 세계의 판도를 읽을 줄 알았다. 그는 로마에 붙어서 결국 유대왕이 되었다. 그의 후손인 대헤롯은 예수님의 탄생 후에 죽게 된다. 그는 3명의 아들(빌립, 안티파스, 아켈레오)에게 땅을 나누어주었다. 이들을 분봉왕이라고 불렀다. 그런데 그 중에 아켈레오가 정치를 잘 못하자 그를 대신해서 로마에서 총독을 보내게 되는데 그의 이름이 빌라도였다.

당시 유대인 사회에는 최고 의결기관인 산헤드린공의회가 있었다. 대제사장은 유대인의 우두머리 역할을 했으며, 이권에도개입되어 있었다. 또한 서기관, 율법사, 랍비라고 칭하는 사람들도 있었다. 그리고 민중들에게 인정을 받은 바리새파와 사독 제사장의 후손인 사두개파, 바라바와 같은 열심당원, 쿰란 공동체 생활을 했던 엣센파가 있었다. 당시 이스라엘은 국가 개념보다 유대 공동체 개념이 강했다. 이러한 배경을 가지고 복음서로 들어가면 이해하기가 쉬울 것이다.

5. 신약역사서

1) 사복음서

때가 차매 하나님께서 예수 그리스도를 이 땅에 보내셨다.[104] 세례 요한은 예수님보다 6개월 먼저 태어남으로 구약과 신약, 그리고 율법과 은혜를 잇는 다리역할을 하게 되었다. 사복음서의 내용은 예수님의 탄생과 공생애, 그리고 대부분 십자가와 부활에 초점을 맞추어서 구성되어 있다. 따라서 사복음서는 교회의 기초(십자가와 부활)를 놓는다. 이에 대한 복음서 기자의 관점과 대상이 다르다. 간략하게 특징 몇 가지를 말씀드리면,

104) 마태복음 1:1의 세상은 말라기 4:6의 세상과 크게 달랐다. ... 역사의 위대한 두 막의 "막간"은 왜 그렇게 오랜 기간이었을까? 그 대답을 갈라디아서 4:4에서 찾을 수 있을 것이다. "때가 차매 하나님이 그 아들을 보내사". 하나님의 아들의 도착을 위해 특별히 준비해 온 인간 역사가 그 준비를 끝마치게 되었던, 바로 그때 하나님은 A.D.와 B.C.를 영원토록 구분하는 사건으로 역사의 커튼을 올리셨다.(브루스 윌킨슨, 「신약의 파노라마」 디모데성경연구원 (서울: 도서출판 디모데, 1996), 8. 참조.)

사복음서를 이해함에 있어서 **두 가지**를 기억하면 됨

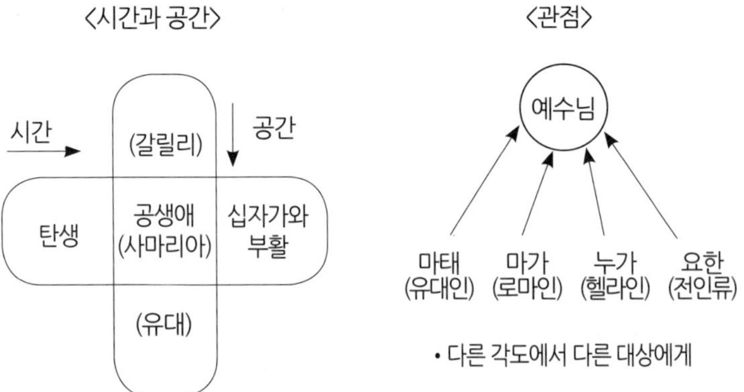

마태복음은 예수 그리스도의 왕되심(직임)을 말하며, 대상은 유대인이고 족보로 시작된다. "아브라함과 다윗의 자손 예수 그리스도의 세계라"(1:1).[105] 예수가 그리스도(메시야)란 말이다. 5-7장까지는 가장 긴 설교인 산상수훈이 기록되어 있으며, 10장에 12제자가 소개된다. 13장은 비유장이고, 24-25장은 종말에 대한 내용을 말하고 있으며, 십자가와 부활 사건에 이어 마지막에 최후의 명령이 있다. "너희는 가서 모든 민족을 제자로 삼아 아버지와 아들과 성령의 이름으로 세례를 베풀고 내가 너희에게 분부한 모든 것을 가르쳐 지키게 하라"(28:19-20).

105) 히브리어 톨레도트(Toledoth)는 "세대", "자손"이라는 뜻이다. 창세기는 대략 10개의 계보로 구성되어 있다.(주로 "....의 계보가 이러하니라"는 식으로 시작함. 창세기 2:4; 5:1; 6:9; 10:1; 11:10, 27; 25:12, 19; 36:1; 37:2 참조). 그러므로 마태가 "예수 그리스도의 세계라"고 마태복음의 서두를 연 것은 예수와 함께 완전히 새롭게 시작되는 창세기를 자기 나름대로 선포한 것이라 할 수 있다.(짐 타운센드 지음, 「그리스도의 네 가지 모습」 조은혜 옮김 (서울: 죠이선교회, 1994), 37. 참조.)

마가복음은 예수 그리스도의 종되심(신분)을 말하며, 대상은 로마인이고 예수 그리스도의 지상사역으로 시작된다. 예수님의 감정(예를 들면 사랑, 노하심, 슬퍼하심, 한숨 쉬심 등)이 사실적으로 묘사되어 있다.[106] 보아너게(우뢰의 아들, 3:17), 달리다굼(소녀야 일어나라, 5:41), 고르반(하나님께 드린바 되었다, 7:11), 에바다(열리라, 7:34), 아바(아버지, 14:36), 엘리 엘리 라마 사박다니(나의 하나님, 나의 하나님, 어찌하여 나를 버리셨나이까?, 15:34) 같은 아람어가 자주 나온다. 많은 아람어가 마가복음에 나오는 것으로 보아 마가복음이 복음서 중 가장 먼저 기록된 것으로 생각된다. 필연적으로 마가는 로마인 독자들을 위해 각각의 아람어를 번역해 놓았다.[107] 마가복음은 특히 예수님의 수난 기사에 중점을 두고 있다. 역시 마지막에는 복음전파를 당부하고 있다. "너희는 온 천하에 다니며 만민에게 복음을 전파하라"(16:15).

106) 신성종, 「신약총론」(서울: 기독교문서선교회, 1985), 98-99.

107) Ibid., 16.

누가복음은 예수 그리스도의 인성(사역)을 말하며, 대상은 헬라인이고 예수 그리스도에 대한 찬양으로 시작된다. 예수님의 탄생과 어린 시절에 대하여 다른 책보다 자세하게 기록되어 있다. 마태복음(마1장)과 달리 누가복음에서는 족보가 예수님부터 거슬러 올라가서 하나님에게 도달하게 된다. 즉 예수가 하나님이심을 나타내고 있는 것이다(3장). 10장에는 70인 파송 기사와 선한 사마리아인 비유가 기록되어 있다. 누가복음에서 최고의 특징은 잊을 수 없는 비유이다. 35개의 비유 중 19개는 누가복음에서만 볼 수 있는 것이다. 다시 말해 누가복음에 나오는 비유 중 절반 이상이 다른 곳에는 기록되어 있지 않다.[108] 특히, 누가복음 15장에는 잃었다 찾은 3가지 비유가 나오고 있다.[109]

108) Ibid., 58.

109) 누가는 예수의 생애 중 의사만이 나타낼 수 있는 인간적인 면을 강조하면서 그리스도가 "잃어버린 자들을 찾아 구원하시기 위해서" 어떻게 이 땅에 오셨는가를 묘사하고 있다.(브루스 윌킨슨, 「신약의 파노라마」, 16. 참조.)

여기에서도 마지막 부분은 예수님의 수난과 부활, 그리고 복음 증거이다. "이같이 그리스도가 고난을 받고 제 삼일에 죽은 자 가운데서 살아날 것과 또 그의 이름으로 죄 사함을 받게 하는 회개가 예루살렘에서 시작하여 모든 족속에게 전파 될 것이 기록되었으니 너희는 이 모든 일의 증인이라"(24:46-48). 그리고 끝 부분이 사도행전과 연결됨을 볼 수 있다. 왜냐하면 같은 저자이기 때문이다.

요한복음은 예수 그리스도의 신성(본성)을 말하며, 대상은 전 인류이고 예수 그리스도께서 태초에 계셨음을 선언함으로 시작된다. 1장 1절과 14절 그리고 18절을 연결하여 읽으면 은혜가 된다.

"태초에 말씀이 계시니라 이 말씀이 하나님과 함께 계셨으니 이 말씀은 곧 하나님이시니라 ... 말씀이 육신이 되어 우리 가운데 거하시매 우리가 그의영광을 보니 아버지의 독생자의 영광이요 은혜와 진리가 충만하더라 ... 본래 하나님을 본 사람이 없으되 아버지 품속에 있는 독생하신 하나님이 나타내셨느니라".

요한복음에서 언급된 7개의 표적〈가나 혼인 잔치(2장), 왕의 신하의 아들을 고침(4장), 베데스다 못가의 38년 된 병자 고침(5장), 오병이어(6장), 물위를 걸으심(6장), 실로암 사건(9장), 죽은 나사로를 살리심(11장)〉은 영광의 십자가(요한은 십자가를 고난이 아닌 영광으로 표현함)와 부활로 연결하는 길라잡이 역할을 하고 있다.

또한 표적을 7가지 절기와 연결시키고 있으며, 더 나아가 예수께서 "나는 ...이다"라고 하는 선포가 7가지 나온다. 나는 생명의 떡이라(6:35), 나는 세상의 빛이라(8:12), 나는 문이라(10:9), 나는 선한 목자라(10:11, 14), 나는 부활과 생명이라(11:25), 나는 길이요 진리요 생명이라(14:6), 나는 참 포도나무라(15:1).

특별히 20:30-31에 기록 목적을 진술하고 있다.[110] “오직 이것을 기록함은 너희로 예수께서 하나님의 아들 그리스도이심을 믿게 하려 함이요 또 너희로 믿고 그 이름을 힘입어 생명을 얻게 하려 함이니라”.

110) 요한도 성경의 최종 목적에 대하여 바울과 똑같이 말하고 있다. 요한은 ‘생명’이라 했고, 바울은 ‘구원’이라 불렀다. 그러나 그 말들은 사실상 같은 말이다. 두 사도는 다같이 이 생명, 혹 구원이 그리스도 안에 있고, 그것을 얻으려면 그를 믿어야 한다는 데 일치한다. 성경–〉 그리스도–〉 믿음–〉 구원(생명)의 연관성이 똑 같다. 성경은 그리스도를 증거하여 그리스도에 대한 믿음을 일으키고, 믿는 자에게 생명을 가져다 준다. 결론은 간단하다. 우리가 성경을 읽을 때마다 우리는 그리스도를 찾아야 한다. 우리는 우리가 보고 믿을 때까지 계속 그를 찾아야 한다. 우리가 오직 성경이 우리에게 보여 주는 그리스도의 부요를 믿음을 통하여 계속하여 취할 때만 영적으로 성숙하게 자라고 “모든 선을 행하기에 구비된 온전한” 하나님의 사람이 될 것이다.(죤 스토트, 「성경연구입문」, 31-32. 참조.)

마지막 장에서 예수님이 베드로를 향하여 “네가 나를 사랑하느냐?”고 묻는 질문과 아울러 어떠한 죽음을 당할 것인가를 말씀하셨다. 이러한 사실은 우리로 하여금 주님과의 관계를 다시 한 번 생각하게 한다.

이미 살펴본 바와 같이 사복음서의 끝 부분이 모두 복음전파와 관련되어 있음을 볼 수 있다.[111] 즉 핵심은 복음(구원)에 있다.

111) 마태복음은 그리스도의 부활과 선교 계획으로 끝맺음을 하고, 마가복음은 그리스도의 승천과 선교 계획으로, 누가복음은 오실 성령의 약속과 선교 계획으로, 요한복음은 그리스도의 재림에 대한 약속과 선교 계획으로 끝나고 있다.(도널드 반 하우스, 버나드 서트클리프 저, 「성경의 내용과 권위」, 113. 참조.)

2) 사도행전

사도행전은 이러한 교회의 기초(십자가와 부활) 위에 세워진 교회의 탄생과 아울러 교회의 확장을 보여주고 있다. 사도행전의 열쇠는 1:8이다.

"오직 **성령**이 너희에게 임하시면 너희가 **권능**을 받고 예루살렘과 온 유대와 사마리아와 땅 끝까지 이르러 내 **증인**이 되리라 하시니라"[112]

112) 성경을 읽다보면, 신약에만도 "증인"이란 말이 150번 이상 나온다. 성령의 권능을 받는 것은 권능 그 자체에 목적이 있는 것이 아니라 증인의 역할을 수행하기 위한 것이다.(짐 타운센드 지음, 「신약세계여행」 조은혜 옮김 (서울: 죠이선교회, 1997), 39. 참조.)

이 드라마는 그리스도가 이미 말씀하신 대로 이루어지고 있다: 첫째로 예루살렘에서; 그리고 유대와 사마리아의 지역들에서; 마지막으로 세계의 땅 끝까지. 그러므로 사도행전의 각 부분(1-7장, 8-12장, 13-28장)은 복음의 확산에 있어서 특별한 대상들과 주요 인물들과 중요한 단계들에 초점을 맞추고 있다.[113]

113) 브루스 윌킨슨, 「신약의 파노라마」, 30.

사도행전의 역사는 성령의 역사이고, 교회의 힘은 합심기도에 있었다. 지역을 넘을 때마다 순교의 피를 흘렸다. 예루살렘을 넘을 때 스데반이, 유대와 사마리아를 넘을 때 야고보가, 나라의 국경들을 넘을 때마다 피흘림의 발자취들이 있었다. 지금도 사도행전 29장은 당신과 당신 교회를 통하여 쓰여 지고 있다. 교회의 존재 이유와 사명이 복음 증거에 있다고 할 수 있다.

특이한 점은 이방인 전도에 있어서 개인(8장 내시), 가정(10장 고넬료), 지역(11장 안디옥), 나라(13장 이하 전 세계)로 확장되어 감을 볼 수 있다. 예수님께서 "이 천국 복음이 모든 민족에게 증언되기 위하여 온 세상에 전파되리니 그제야 끝이 오리라"(마 24:14)라고 말씀하셨다.

먼저 사도행전은 1-12장과 13-28장으로 나누어진다. 앞부분을 보면 성령충만을 받은 자들에 의하여 복음이 증거됨과 교회 중심이 예루살렘에서 안디옥으로 옮겨짐과 아울러 베드로에서 바울로 바통이 넘어감, 그리고 안디옥에서 비로소 그리스도인으로 불리어 졌음을 알 수 있다. 뒷부분은 바울의 4차례에 걸친 선교를 다루고 있다. 13장부터 3장씩, 13-15장(1차 선교), 16-18장(2차 선교), 19-21장(3차 선교), 그리고 22-28장(4차 선교: 로마를 향하여)로 외우면 이해하기 쉽다.

사도행전의 배경과 서신서와는 깊은 관계가 있다. 그러므로 사도행전이라는 글 박스 밑으로 쭉 내려오면 사도행전 13장에서 28장의 내용과 관계된 서신서들을 볼 수 있을 것이다.

6. 신약서신서

이어지는 서신들의 성격이 각양각색이지만, 서신서 전체가 공통적으로 갖고 있는 것이 한 가지 있는데, 그것은 곧 서신서는 모두 특정한 일 때문에 씌어졌고, 또한 그 일을 염두에 두고 기록된 문서라는 사실과, 또한 AD 1세기의 산물이라는 사실이다.[114] 따라서 역사적인 배경을 가지고 살펴야 한다.

114) 고든 디. 피 . 더글라스 스튜어트 지음, 「성경을 어떻게 읽을 것인가」, 64. 서신서는 서간체 형식을 띄고 있다. 따라서 한 서신 속에 중점적으로 논의되고 있는 사안이 다른 본문에서는 그다지 중요하지 않을 수도 있다. 때로 이러한 서신서들은 단지 서로 다른 의견이 존재하고 있음을 보여 주는 것으로 그칠 경우도 있다. 저자가 보내온 편지를 통해, 각 교회들은 논란이 되고 있는 사안에 대한 저자의 견해를 알게 된다. 저자가 서신서를 쓴 목적은 교회들에게 그들이 범한 실수들을 깨우쳐 주고 그들이 가진 의문점에 답해 주기 위해서이다. 그가 언급하고 있는 많은 문제점들은 혼란에 처한 교회들로 인해 야기된 것들이다. 저자는 단지 그러한 문제가 야기되었기 때문에 그 문제를 다루고 있다.(짐 윌호이트 . 래런드 라이켄 지음, 「성경을 효과적으로 가르치는 비결」 최예자. 문희경. 손미라 옮김 (서울: 프리셉트, 1996), 267. 참조.)

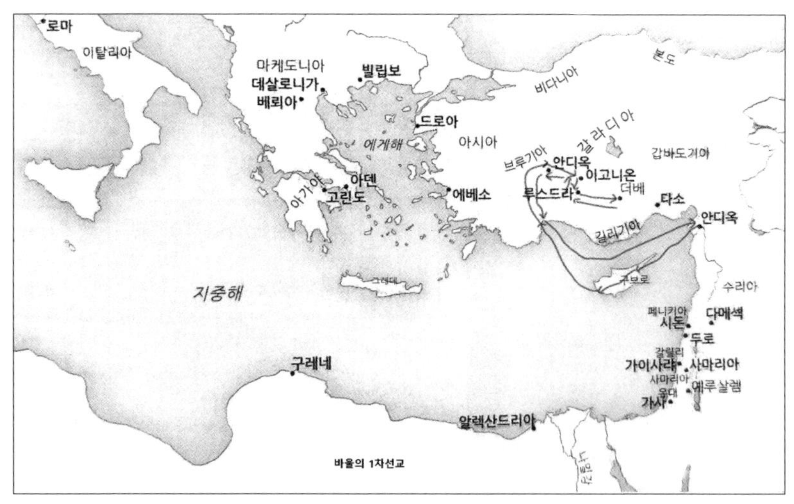

바울의 1차선교

1) 갈라디아서

사도행전 13-15장(1차 선교)과 관계되어 갈라디아서와 야고보서가 기록되었다. 갈라디아서는 한 마디로 자유의 헌장에 관한 책이다. "그리스도께서 우리를 자유롭게 하려고 자유를 주셨으니 그러므로 굳건하게 서서 다시는 종의 멍에를 메지 말라"(5:1).[115]

115) 바울은 더 이상 율법을 구속력을 갖는 성문율로 간주하지 않았다. 왜냐하면 그는 이제 그리스도의 법에 종속된 자였기 때문이다. 이는 율법에 대한 얽매임으로부터 자유케 됨을 의미한다. 그리스도인은 율법주의적으로 접근할 필요가 없다. 이제 그는 하나님의 계명들을 지키면 되는 것이다. 그러나 그 지키는 것의 동기는 사랑이다(비교. 롬 13:9). 만일 십계명에 표현된 하나님의 계명들이 하나님의 은혜의 제공으로 보여진다면, 그에 대한 순종은 더 이상 짐이 되지 않는다.(도날드 거스리, 「성경의 교훈: 신약편」 양용의 옮김 (서울: 성서유니온, 1990), 147-148. 참조.)

좀 더 자세하게 살펴보면 1-2장에서 바울은 자신의 사도됨이 하나님에 의한 것이며(1:1), 자신이 증언하는 복음이 그리스도의 계시에 의한 것임을 밝히면서(1:11-12), 당시 사도들에게도 인정받은 사도직(2:9)이라는 사실을 밝히고 있다. 이로 인해 자신이 전하는 복음의 유일성을 말하고 있다.

3-4장에서는 행위로 의롭다함을 받으려는 자들에게 성령을 받은 것이 율법의 행위에 의한 것이 아니라 듣고 믿음으로 라는 사실을 언급하고 있다. 이신칭의 교리(2:16)에 대하여 율법과 복음의 차별성을 들어 상세히 설명하고 있다. 즉 구원은 인간의 노력이 아닌 하나님의 은혜임을 성경과 개인적인 예를 통하여 증거하고 있다.

5-6장에서는 그리스도께서 주신 자유를 따라 방종의 삶이 아닌

이웃을 사랑할 것과 성령에 따른 새 생활 즉, 성령을 따라 행하는 삶을 살라고 당부하고 있다. 육신의 열매와 성령의 열매는 차이가 크다. 오직 성령의 열매는 사랑과 희락과 화평과 오래 참음과 자비와 양선과 충성과 온유와 절제이다. 성령의 열매는 하나님의 영광을 드러내며, 많은 사람들에게 유익을 끼치게 된다.

바울은 복음을 깨닫고 "내게는 우리 주 예수 그리스도의 십자가 외에 결코 자랑할 것이 없다"(6:14)고 고백했다. 그리스도인들은 세상을 향하여 "NO"라고 말할 수 있는 사람들인 것이다. 다시 말해 예수의 흔적을 가지고 있다.

2) 야고보서

당시 사람들은 복음을 오해하여 믿음으로 구원을 받는다면 생활은 어떠해도 상관이 없다는 생각들을 가지고 있었다. 야고보는 이러한 세속주의에 대항하여 믿음에 따른 그리스도인의 삶을 강조하고 있다. 야고보서는 신약에서 가장 실천적인 책이며 동시에 가장 교리적인 책이다.

야고보서를 볼 때는 2라는 숫자만 생각하면 된다. "네가 보거니와 믿음이 그의 행함과 함께 일하고 행함으로 믿음이 온전하게 되었느니라"(2:22). 이에 대하여 야고보 기자는 믿음의 조상 아브라함과 기생 라합을 동일하게 취급하고 있다. 믿음과 행함은 하나인 것이다. 분리할 수 없다.

행함에 있어서 실질적인 것들을 다루고 있다.[116] 1장에서는 시련과 시험, 그리고 참된 경건을, 2장에서는 사람을 차별하지 말고 사랑할 것과 믿음에 상응하는 행동이 있어야 할 것을, 3장에서는 혀의 절제와 참 지혜를, 4장에서는 세속성(다툼, 불신앙, 교만, 비방, 자랑)에 대한 경고를, 5장에서는 압제자들에 대한 경고와 믿음에 따른 인내와 기도를 말하고 있다.

116) 야고보서의 1/2 가량은 명령문이다. 윌리암 핸드릭슨은 "야고보서의 108구절 중 54구절은 명령조이다"라고 말했다. 그는 야고보서를 "신약의 아모스서"라고 했는데, 이는 야고보서가 실제적이고 신랄하여 선지서다운 면모를 보이고 있기 때문이다.(짐 타운센드 지음, 「신약세계여행」, 120. 참조.)

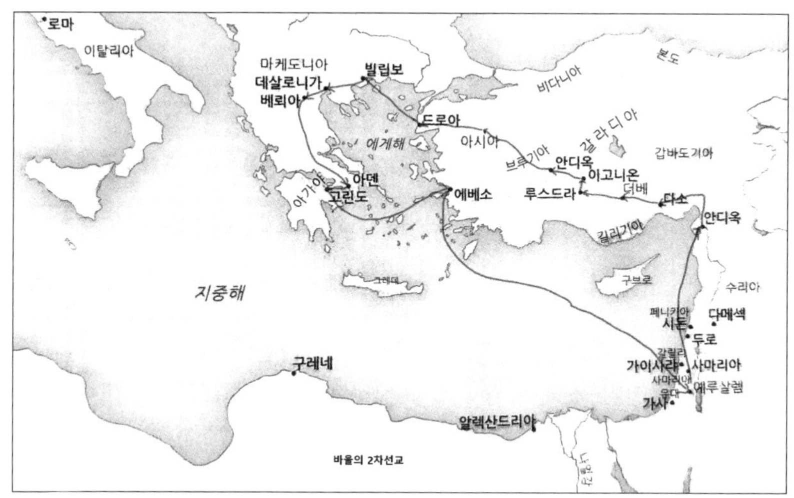

3) 데살로니가전서

사도행전 16-18장(2차 선교)과 관계되어 데살로니가전서와 데살로니가후서가 쓰여 졌다. 바울은 데살로니가에서 세 안식일에 성경을 가지고 예수가 그리스도임을 전했다. 이를 시기한 유대인들에 의해 쫓겨나게 되었다. 바울은 그들을 생각할 때마다 어린 아이를 강가에 두고 온 심정이었다.

이러한 바울에게 좋은 소식이 들렸다. 그들에게 있는 믿음의 소문이 각처에 퍼지게 된 것이다. 그들은 모범적인 신앙생활(믿음의 역사, 사랑의 수고, 소망의 인내)을 하고 있었다. 이러한 열매를 맺을 수 있었던 것은 "하나님의 말씀을 받을 때에 사람의 말로 받지 아니하고 하나님의 말씀으로 받은 데"(2:13) 있었다.

바울은 그러한 그들을 보고 싶어 했다(3장). 교회는 서로 보고 싶은 곳이어야 한다. 서로 사랑하면서 사는 것이 거룩한 생활이다.거룩함은 하나님의 뜻이다. 즉 하나님을 기쁘시게 하는 것이다.

이어서 바울은 죽은 자들로 인하여 슬퍼하는 자들에게 주님의 재림과 믿음 안에서 죽은 자들의 부활에 대하여 말함으로 그들을 위로했다. 이것을 믿는다면 깨어 있어 주님을 만날 준비를 하면서 남은 삶을 경건하게 살라고 당부하고 있다(4:13-5:11).

바울의 마지막 권면의 말씀은 다음과 같다. "항상 기뻐하라 쉬지 말고 기도하라 범사에 감사하라 이것이 그리스도 예수 안에서 너희를 향하신 하나님의 뜻이니라"(5:16-18).

4) 데살로니가후서

바울이 그들의 모범적인 신앙생활(믿음이 더욱 자라고, 서로 사랑함이 풍성하고, 모든 박해와 환난 중에서도 인내함)을 자랑스럽게 여기면서, 그리스도의 재림을 기대하며 어려움들을 이기도록 격려하고 있다(1장).

2장에서는 주님이 오시기 전에 배도하는 일과 불법의 사람(적그리스도)이 등장하여 사람들을 미혹할 것을 밝히면서 가르침을 받은 말씀을 붙들고 선한 일에 더욱 힘쓰는 자들이 되기를 말하고 있다.

3장에서는 주님이 악에서 지켜주실 것과 게으르지 말고 근면한 삶을 살 것을 권면하고 있다. 즉 그리스도인들의 균형 잡힌 삶에 대한 중요성을 말하고 있다. 신앙생활의 평생의 적은 게으름과 싫증임을 잊지 말자.

여기에서 스피노자가 한 말을 기억했으면 한다.

“내일 지구에 종말이 온다 할지라도 오늘 나는 한 그루의 사과나무를 심겠다”.

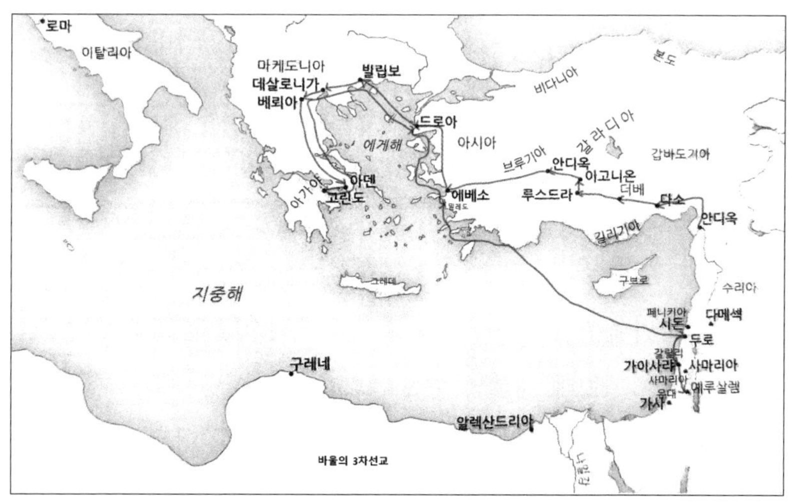

바울의 3차선교

5) 고린도전서

사도행전 19-21장(3차 선교)과 관계되어 고린도전서, 고린도후서, 로마서가 쓰여 졌다. 먼저 고린도전서를 살펴보도록 한다. 바울은 에베소에 있을 때, 고린도 교회에 관하여 에게해 겨울바다의 바람과 같은 뼈아픈 소식들을 듣게 되고 그에 따른 자신의 입장을 담은 편지를 써서 보냈다.

그 내용을 보면 다음과 같다. 1-4장까지는 교회의 분쟁(베드로파, 아볼로파, 바울파, 그리스도파)을 다루고, 5-6장까지는 교회의 무질서(세상 사람들도 부끄러워하는 음행과 형제를 법정에 세움)에 대하여 거론한 다음, 7-16장까지는 교회의 문제들(결혼과 관련하여 파생되는 것들, 우상 제물에 대한 올바른 태도, 바울의 사도직과 관련하여, 당시 관습과 관련된 수건 쓰는 일, 무분별한 성찬식, 풍성한 은사에 반하여 나타난 문제들, 부활을 의심하는 자들이 생김, 바른 연보에 대하여) 에 관하여 언급하고 있다.

그리고 이러한 문제들에 대한 해결책으로 십자가를 제시하고 있다. 십자가 앞에 그들을 세웠다. 더 나아가 그들에게 사랑의 노래를 들려주었다. 다양한 사람들이 어떻게 한 몸을 이루어 일할 수 있는가에 대해 바울은 '사랑' 이라는 해답을 제시하였다. 그는 고린도전서 13장에서 사랑에 대해 아주 아름다운 시를 썼다. 그는 사랑이야말로 다양한 지체들이 하나가 될 수 있는 길이라고 역설하였다.[117]

117) 필립 얀시 지음, 「맥잡는 성경 읽기」, 288.

6) 고린도후서

고린도전서를 써 보냈음에도 고린도 교회가 회개치 않았다. 이에 바울은 서둘러 고린도를 방문하여 책망하였으나 아무런 성과 없이 근심 중에 헤어졌다. 바울에 대한 그들의 태도는 냉담했다. 그 후 눈물의 편지를 써서 디도 편에 보내게 되고, 마게도냐에서 그를 만나 고린도 교회에 대한 고무적인 소식을 듣게 되었다.

그러나 한 가지 불안한 것은 바울의 사도직에 도전하는 거짓교사들이었다. 그들은 이간질을 통하여 바울과 고린도교회 사이를 멀어지게 하였다. 바울은 고린도 교인들의 오해를 풀고, 거짓 교사들을 책망하기 위하여 고린도 교회를 방문할 의사를 전하기 위해 고린도후서를 쓰게 되었다.

1-7장에서 바울은 계획을 변경할 수밖에 없었던 자신의 행동과 직분에 대하여 설명하면서 마음을 넓히라고 권면하고 있다. 우리는 그리스도의 향기와 편지임을 잊지 말아야 한다. 8-9장에서는 마게도냐 교회들의 예를 들어가면서 예루살렘 성도들을 위하여, 청지기 정신을 가지고 자원하여 헌금할 것을 권면하고 있다. 헌금의 기본적인 정신은 자원하여 준비됨 가운데 즐거이 드리는 것이다. 바울은 헌금에 대하여 "봉사의 직무"라는 표현을 쓰고 있다. 10-13장은 자신의 사도직에 따른 권위에 대하여 변호하면서 약할 때[118] 강함을 나타내고 있다. 그는 거짓된 자들 때문에 고린도 교회 성도들을 위하여 고난과 셋째 하늘에 갔다 온 것에 대하여 자랑할 수밖에 없었다.

118) '육체의 가시'가 무엇인지에 대해 성경학자들은 의견을 달리하고 있다. 어떤 이들은 눈병이나 말라리아, 또는 간질과 같은 질병이라고 본다. 이 '육체의 가시'가 무엇이든지 간에 바울은 하나님께서 그 가시를 제거해 주시지 않았다고 강조한다. 그 이유가 무엇인가? 그것은 그 '육체의 가시'를 통해 그가 겸손을 배우고 하나님의 은혜에 대해 전적으로 의지하는 것을 배우도록 하기 위함이었다.(Ibid., 292. 참조.)

그는 고린도 교회를 축복하며 서신을 마무리하고 있다. "주 예수 그리스도의 은혜와 하나님의 사랑과 성령의 교통하심이 너희 무리와 함께 있을지어다"(13:13).

7) 로마서

로마서는 성경 66권 중에서도 보석이라고 한다. 기독교에 관한 교리가 한 권에 고스란히 녹아 있다. 그 어느 책보다도 논리적으로 쓰여 졌다. 그러므로 구조를 알고 읽는 것이 순서라고 생각한다. 로마서는 크게 머리(1:1–1:17 〈서론 및 복음에 대한 확언[119]〉)와 꼬리(15:14–16:27 〈계획 및 결론〉)를 제하고 몸통 부분을 보면 죄악론과 구원론 그리고 생활론으로 되어 있다. 그리고 중간에 하나님의 구원 계획을 다루는 내용이 삽입된 것을 볼 수 있다(9–11장). 그것은 이스라엘의 선택과 그들의 거부, 나중에 다시 회복될 것에 관한 것이다. 유대인들은 현재 "이방인"(헬라어 ethnos)이지 더 이상 "선민"(헬라어 laos)은 아니다. 그러나 그들이 교회 안으로 접목된다면 다시 선민, 즉 언약 백성이 될 수 있다.[120]

119) 바울의 주제는 로마서 1:17에 기록되어 있다. "오직 의인은 믿음으로 말미암아 살리라." 이 구절은 하박국 2:4을 인용한 것이다.
하박국은 종교개혁의 조부이다. 하박국은 오만한 갈대아인이 조국을 정복하는 것을 보았을 것이다. 그러나 하나님은 그에게 "의인은 믿음으로 말미암아 살리라"(합 2:4)고 말씀해 주셨다. 바울은 이 말씀을 일생의 목표로 삼았다. 로마서 1:17, 갈라디아서 3:11, 히브리서 10:38에 이 구절이 인용되어 있다.
하박국이 바울에게 영적인 아버지라면, 마틴 루터에게는 할아버지이다. 1500년대에 금욕적인 수도원 생활로도 풀 수 없는 마음의 고통으로 괴로워하던 수도사 루터에게 로마서 1:17 말씀은 천국으로 들어가는 문과도 같았다. 1700년대에는 방황하던 존 웨슬레가 모라비안 교도의 모임에 참석하여 루터의 로마서 주석에 대해 듣던 중 이상하게 마음이 편해졌다. 그는 정말로 예수 그리스도를 믿게 되었다. 따라서 영국을 변화시킨 웨슬레의 대각성 운동은 하박국의 증손자인 셈이다. 루시스 존슨(Lewis Johnson)이 "이 구절은 영국의 대헌장이나 미국의 독립선언문만큼이나 서구의 역사에 큰 영향을 끼쳐 왔다"고 한 것은 과장이 아니다.(짐 타운센드 지음, 「신약세계여행」, 54-55. 참조.)

120) Van der Waal, 「반더발의 성경언약 연구」 명종남 옮김 (서울: 나침반, 1995), 278-279.

그러므로 죄악론, 구원론, 생활론으로 기억하시면 쉽게 이해가 될 수 있다. 좀 더 자세하게 설명하면 죄악론은 1:18-3:20까지다. 세부적으로 1장은 이방인의 죄, 2장은 유대인의 죄, 3장은 이방인도 죄인이고 유대인도 죄인. 따라서 전 인류가 죄인임으로 전 인류의 죄를 말하고 있다고 기억하면 된다.

구원론은 3:21-8:39까지다. 안으로 들어가 보면 3:21-5:21까지 칭의, 6:1-8:17까지 성화, 8:18-8:39까지 영화에 관한 내용이다. 그리고 삽입된 내용을 지나 이론에 관한 모든 결론을 11:33-36에서 내리고 있다.

이어서 생활론으로 들어간다. "그러므로 형제들아 내가 하나님의 모든 자비하심으로 너희를 권하노니 너희 몸을 하나님이 기뻐하시는 산 제물로 드리라 이는 너희가 드릴 영적 예배니라"(12:1). 12장은 자신과 관련하여서, 13장은 세상과 관련하여서, 14장 이하 15:13까지는 성도들과 관련하여서 적용된 것이라고 생각하면 된다.

바울의 4차선교(로마를 향하여)

8) 에베소서

사도행전 22-28장(4차 선교)과 관계되어 옥중서신인 에베소서, 골로새서, 빌레몬서, 빌립보서가 쓰여 졌다. 그럼 에베소서부터 살펴보도록 한다. 바울 서신들의 대부분이 앞부분은 이론과 뒷부분은 생활로 구성되어 있듯이, 1-3장까지는 은혜라는 단어를 4-6장까지는 생활이라는 단어를 기억하면 에베소서 전체가 들어올 것이다.

1장은 우리에게 복 주신 하나님을 찬송하면서 은혜의 구원자이신 삼위일체 하나님에 대한 내용을 담고 있다. 바울은 성도들이 하나님을 알게 해달라고, 마음의 눈을 밝혀달라고 기도하고 있다.

2장은 우리의 구원이 행위가 아닌 하나님의 은혜의 선물임을 말하고 있다. 이어 십자가로 유대인과 이방인의 막힌 담을 허시고, 하나님과 화목하게 하셨음을 밝히고 있다.

3장은 하나님의 은혜(사랑)를 교회를 통하여 드러냄을 언급하면서 그리스도 안에 있는 사랑의 너비와 길이와 높이와 깊이에 대하여 깨닫게 해달라고 기도하고 있다.

4장은 부름에 합당한 생활을 말한다. 교회가 하나가 될 것과 그 당위성을 말하고, 목사와 교사의 역할은 성도를 온전케 하는 것이며, "우리가 다 하나님의 아들을 믿는 것과 아는 일에 하나가 되어 온전한 사람을 이루어 그리스도의 장성한 분량이 충만한 데까지 이르는 것"(4:13)이 교회의 모습임을 드러내고 있다.

5장은 지혜로운 자가 되기 위해 세월을 아낄 것과 주의 뜻이 무엇인지 분별할 것을 당부한 후에, 성령 충만할 때 나타나는 피차의 생활에 대하여 아내와 남편, 자녀와 부모, 종과 상전의 관계를 들어 얘기하고 있다.

6장은 하나님의 전신갑주를 취하는 생활을 말하고 있다. 특히 예수님처럼 승리하기 위해 공격적인 무기인 성령의 검 곧 하나님의 말씀을 가지라고 한다. 이어서 항상 성령 안에서 기도할 것과 자신의 복음 사역을 위해서 기도 부탁을 하고 있다. 이에 따라 우리의 신앙생활은 말씀과 기도 그리고 그에 따른 삶임을 잊지 말아야 한다.

9) 골로새서

골로새서는 에베소서와 쌍둥이 서신이다. 그 내용의 흐름이 비슷한 부분이 많기 때문이라고 볼 수 있다.[121] 그러다 보니까 좋은 점도 많이 있다. 에베소서 5:18에서 "술 취하지 말라 이는 방탕한 것이니 오직 성령으로 충만함을 받으라"고 말하는 것에 대하여 골로새서를 통하여 그 의미를 더 풍성하고 정확하게 알 수 있다. 골로새서에서는 "그리스도의 말씀이 너희 속에 풍성이 거하여"(3:16)라는 표현을 쓰고 있다.

121) 에베소서의 155절 가운데 78절이 어느 정도 비슷한 형태로 골로새서에도 나온다. 이 두 서신은 다른 어떤 신약 성경에 존재하고 있는 것보다 더 밀접한 유사점이 있다. 에베소서의 내용 가운데 대략 50%가 골로새서에 있으며, 골로새서의 내용 가운데 70%정도가 에베소서에도 있다. 골로새서가 머리인 그리스도에 대하여 설명하고 있는 반면, 에베소서는 몸인 그리스도에게 초점을 맞추고 있다.(짐 타운센드 지음, 「신약세계여행」, 80. 참조.)

바울은 1장에서 그들에게 있는 믿음, 사랑, 소망에 대하여 하나님께 감사하면서, 그리스도의 하나님 되심에 대하여 밝히고 있다. "그는 보이지 아니하는 하나님의 형상이시요 모든 피조물보다 먼저 나신이시니 만물이 그에게서 창조되되 하늘과 땅에서 보이는 것들과 보이지 않는 것들과 혹은 왕권들이나 주권들이나 통치자들이나 권세들이나 만물이 다 그로 말미암고 그를 위하여 창조되었고 또한 그가 만물보다 먼저 계시고 만물이 그 안에 함께 섰느니라"(15-17). 그는 몸인 교회의 머리이시기에 교회는 그리스도로 충만해야 한다. 바울은 24-29절에서 자신의 사역원리를 밝히고 있다.

2장에서 바울은 사람들이 그리스도를 깨닫게 되기를 간절히 원했다. 왜냐하면 그 안에 지혜와 지식의 모든 보화가 감추어져 있기 때문이다. 그리고 그 안에서 행하고 세워지기를 바라며, 영지주의(2:8-10) 율법주의(2:11-17) 신비주의(18-19) 금욕주의(20-23)를 주의할 것을 당부하고 있다.

3장에서는 위에 것을 찾고 땅에 있는 지체를 죽이라고 말하고 있다. C. S. 루이스는 “하늘에 눈을 두라 그러면 땅을 아울러 얻게 된다. 땅에 눈을 두라 그러면 둘 다 얻지 못하게 된다”라고 말했다. 그리스도인이라면 이 땅에 살아가는 동안 모든 관계에 대하여 주께 하듯 하며 살아야 한다.

4장에서는 기도생활과 아울러 세월을 아낄 것을 당부하고 있다. 이어서 함께하는 동역자들을 소개하고 있다. 바울이 바울 될 수 있었던 것은 같은 목적을 가지고 주의 일에 동참하는 자들이 있었기 때문이다.

10) 빌레몬서

골로새서가 교회에 보내는 서신이라면 빌레몬서는 골로새 교회 안에 있는 한 개인에게 보낸 서신이다.

1장으로 되어 있는 짧은 서신이지만 진정한 용서에 관하여 가르쳐 주고 있다. 바울이 로마 감옥에 있을 때, 오네시모를 만나게 되었다. 오네시모는 바울을 통하여 복음을 받아들이고 그리스도인이 되었다. 그런데 그는 바울이 잘 알고 있는 빌레몬의 종이었다. 이러한 관계 속에서 오네시모를 일꾼으로 쓰기 원했던 바울은 그의 주인인 빌레몬의 허락을 얻고자 오네시모 편에 편지를 보내게 되었다.[122]

122) 회심한 오네시모는 자기가 도망쳤던 주인과 화해할 필요성이 있었다. 그러

나 당시의 로마법은 도망한 노예에게 아주 무자비했다. 만일 오네시모가 주인에게 돌아갈 경우 그의 주인 빌레몬은 그를 즉시 처형할 수 있었다. 아니면 그는 오네시모의 이마에 '도망한 노예'를 나타내는 낙인을 찍어 평생 고개를 못 들고 살도록 만들 수도 있었다. 이런 상황에서 바울은 빌레몬에게 끼칠 수 있는 모든 영향력을 다 동원하여 오네시모와 빌레몬을 화해시키려고 노력했다. 이러한 노력의 일환으로 쓴 것이 빌레몬서이다.(필립 얀시 지음, 「맥잡는 성경 읽기」, 313-314. 참조.)

그 내용은 바울이 빌레몬(애정이 많은)에게 오네시모(유익한)를 용서해 줄 것을 청원한 것이다. 이것은 당시에 놀라운 일이었다. 우리는 이러한 사실을 통하여 "예수 안에서 하나"라는 복음의 위력을 알 수 있다.

내용을 좀 더 분해해 보면 다음과 같다. 1-3절은 형제에 대한 인사, 4-7절은 형제 빌레몬, 8-19절은 형제 오네시모, 20-22절은 오 형제여!, 23-25절은 바울의 형제들에 관한 것이다.

11) 빌립보서

바울은 감옥 안에 있으면서도 밖에 있는 교회를 생각했다. 또한 환경을 초월하여 기쁨을 잃지 않았다. 빌립보서의 주제는 한마디로 기쁨이다(4:4).

그리스도인의 인생관. "살든지 죽든지 내 몸에서 그리스도가 존귀하게 되게 하려 하나니 이는 내게 사는 것이 그리스도니 죽는 것도 유익함이라"(1:20하-21),

그리스도인의 인격. "너희 안에 이 마음을 품으라 곧 그리스도 예

수의 마음이니"(2:5),

그리스도인의 가치관. "또한 모든 것을 해로 여김은 내 주 그리스도 예수를 아는 지식이 가장 고상하기 때문이라 내가 그를 위하여 모든 것을 잃어버리고 배설물로 여김은 그리스도를 얻고 그 안에서 발견되려 함이니"(3:8-9상),

그리스도인의 생활철학. "나는 비천에 처할 줄도 알고 풍부에 처할 줄도 알아 모든 일 곧 배부름과 배고픔과 풍부와 궁핍에도 처할 줄 아는 일체의 비결을 배웠노라 내게 능력 주시는 자 안에서 내가 모든 것을 할 수 있느니라"(4:12-13)

이상 네 가지를 가질 때 예수 그리스도 안에서의 진정한 기쁨을 누릴 수 있다.

12) 디모데전서

바울이 A.D. 62년에 로마 감옥에서 석방되어 A.D. 68년에 네로에 의하여 죽기까지 그는 마지막으로 복음을 전했다(5차 선교). 바울은 그레데와 에베소의 젊은 목회자들을 다시 방문했다. 이때 베드로도 A.D 70년 로마의 디도에 의한 예루살렘의 멸망을 앞두고 고난 중에 있는 자들에게 인내할 것을 권면했다. 이 시기에 디모데전서, 디모데후서, 디도서, 베드로전서, 베드로후서가 쓰여 지게 되었다.여기에서 디모데전서, 디모데후서, 디도서는 목회서신이라고 부른다.

디모데전서를 보면 바울은 믿음의 아들 디모데에게 목회사역을 맡기면서 “아들 디모데야 내가 네게 이 교훈으로써 명하노니 전에 너를 지도한 예언을 따라 그것으로 선한 싸움을 싸우며 믿음과 착한 양심을 가지라”(1:18-19상)고 명령과 아울러 격려하고 있다.

아울러 행정에 관한 지침들을 얘기하면서 먼저 기도할 것을 말하고, 이어서 교회의 일꾼들을 세움에 있어서 자격을 구체적으로 묘사하고 있다(3장). 교회가 실수 하는 것 한 가지가 사람을 세우면 직분에 합당한 사람이 된다는 것이다. 그러나 성경이 말한 대로 직분에 합당한 사람을 세워야 그 직분을 감당하게 된다는 사실이다. 그럴 때 교회에도 유익이 되고 자신도 섬김에 기쁨이 있다.

교회는 진리의 기둥과 터임을 밝히면서 바이러스를 물리치기 위해서는 백신이 필요하듯이 거짓된 자들의 가르침을 주의하고 신앙생활의 기본기인 말씀과 기도에 충실할 것을 말했다. 또한 믿는 자에게 본이 되고, 말씀 사역에 전념하고, 모든 일에 진보를 드러낼 것을 당부했다(4장).

성도를 대하는 태도를 옳게 가질 것과 말씀을 가르치는 자들을 존경하고, 종들에게 믿는 상전이 있으면 형제라고 가볍게 여기지 말고 더 잘 섬기게 하라고 교훈했다. 이 외에도 현대 기독교가 풀어야 할 숙제는 많다. 그러나 1세기에, 즉 예수님이 승천하신 지 한 세대가 지난 시점에서 사도 바울은 이미 이런 문제를 언급했다.[123] 한 마디로 교회의 방향성을 상실하지 않도록 믿는 자에게 본이 되라는 것이었다.

123) Ibid., 316.

마지막으로 물질에 관한 교훈을 빠뜨리지 않고 있다. 자족할 것과 돈을 사랑하지 말 것을 말하면서 믿음의 선한 싸움을 싸우라고 명했다. "오직 너 하나님의 사람아 이것들을 피하고 의와 경건과 믿음과 사랑과 인내와 온유를 따르며 믿음의 선한 싸움을 싸우라 영생을 취하라"(6:11-12상).

13) 디모데후서

바울의 마지막 서신으로 동역자이며, 아들 같은 제자 디모데에게 바른 교훈을 지킬 것 "우리 안에 거하시는 성령으로 말미암아 네게 부탁한 아름다운 것을 지키라"(1:14)과 가르칠 것 "또 네가 많은 증인 앞에서 내게 들은 바를 충성된 사람들에게 부탁하라 저희가 또 다른 사람들을 가르칠 수 있으리라"(2:2), 그리고 바른 교훈에 거할 것 "그러나 너는 배우고 확신한 일에 거하라 네가 뉘게서 배운 것을 알며"(3:14)과 전파할 것 "너는 말씀을 전파하라 때를 얻든지 못 얻든지 항상 힘쓰라 범사에 오래 참음과 가르침과 경책하며 경계하며 권하라"(4:2)을 당부하고 있다.

대대적인 기독교 박해가 있었던 시대에 감옥에 갇혀 있었던 바울로서는 고난에 직면하여 용기를 잃지 말도록 디모데에게 권하는 것은 당연한 일이었다. 바울의 여생은 이제 얼마 남지 않았다. 그가 쓴 디모데후서는 마치 디모데에게 물려주는 유산과도 같은 것이었으며

"장차 다른 사람들을 가르치게 될 동역자들"에게 주는 마지막 교훈이었다.[124]

124) Ibid., 319.

이와 같은 사실을 통하여 바울의 관심은 오직 복음(예수 그리스도)에 있었음을 알 수 있다. 바울이 사랑하는 믿음의 아들에게 남기고 싶은 유언과도 같은 한마디는 "복음을 위하여 죽으라"는 것이다. 그는 그리스도 안에서 아들인 디모데에게 일종의 영적 "유서"를 남긴 것이다.

14) 디도서

디모데는 에베소 교회에서 목회했고, 디도는 그레데에서 목회했다. 그레데 교회는 행정적으로 조직화되지 못하였고, 교회 안에 유대주의 성격이 강한 이단들의 가르침이 있었다. 이러한 상황에서 목회하고 있는 디도에게 권면하는 내용이 기록되어 있다.

1장에서는 디모데에게 말한 것(딤전 3장)과 같이 교회 안에 바른 지도자를 세우라고 했다. 그래야 본이 되어서 그릇된 자들의 행동을 책망할 수 있다.

2장 내용은 교회 각 계층의 사람들에게 바른 교훈을 가르치라는 것이다.

3장에서는 바른 생활 할 것을 권면하고 있다. 바울은 다양한 사람들이 모인 교회가 어떻게 하면 세상 사람들에게 모범을 보여줄 수 있는가에 대해 교훈하고 있다.[125] 요약하면 모든 것을 바르게 하라는 것이다. 그렇게 해야만 하는 이유에 대하여 그는 다음과 같이 말하고 있다.

125) Ibid., 316.

"이는 대적하는 자로 하여금 부끄러워 우리를 악하다 할 것이 없게 하려 함이라"(2:8)

디도서를 생각할 때는 "바르게"라는 단어를 떠올리면 된다.

15) 베드로전서

베드로전서는 초대교회 수많은 그리스도인들이 모진 박해에 시달리고 있을 때 기록된 것이다. 사실 그리스도교는 그 전부터 심한 박해를 받아왔다. 그리스도인이라 자처하는 사람들은 신분의 고하를 막론하고 누구나 고문을 받았고, 투옥되었고, 죽임을 당했다. 단지 하나님을 믿는다는 이유로, 예수가 하나님의 아들임을 믿는다는 이유로 그런 일을 겪은 것이다.[126]

126) 크리스토퍼 허드슨 외 지음, 「하루 만에 꿰뚫는 성경관통」, 313.

베드로는 핍박이 오더라도 그것을 믿음으로 받아들이고, 산 소망 주신 하나님께 감사하며, 하나님이 거룩하신 것처럼 모든 행실에 거룩한 자가 될 것을 말했다.

이어서 성도는 보배로운 산돌이신 예수 그리스도를 믿는 산돌로써 신령한 집에서 신령한 제사를 드릴 거룩한 제사장이 되라고 권면했다. "너희는 택하신 족속이요 왕 같은 제사장들이요 거룩한 나라요 그의 소유가 된 백성이니 이는 너희를 어두운 데서 불러내어 그의 기이한 빛에 들어가게 하신 이의 아름다운 덕을 선포하게 하려 하심이라"(2:9).

그러므로 산 소망을 가진 영광스런 나그네로서 현재를 살아갈 때에 이방인 가운데서 선한 행실을 가져 모든 제도를 주를 위해 순종해야 할 것을 당부했다(총독, 주인, 남편 등).

그에 따른 고난이 있더라도 그리스도인들이 당하는 고난에는 의미가 있고, 그 결과가 다르다는 사실을 기억하고, 그리스도의 고난에 참여하는 것을 즐거워하며, 그리스도인으로서 당하는 고난을 부끄러워 말고 도리어 하나님께 영광을 돌릴 것을 말하고 있다.

사도 베드로는 머지않아 자기의 교훈을 자기 스스로가 실천하지 않으면 안 되게 되었다. 즉, 베드로도 바울처럼 네로의 핍박 시에 순교하였는데, 전설에 의하면 거꾸로 십자가에 달려 죽었다고 한다. 현재의 고난은 장차 우리에게 나타날 영광과 족히 비교할 수 없음을 기억해야 한다(롬 8:18).

그는 지도자들에게 고난 중에 있는 성도들을 돌봄에 있어서 억지로가 아닌 자원함으로, 더러운 이득이 아닌 기꺼이, 주장하는 자세가 아닌 본이 될 것을 권면하면서(5:1-4), 모든 자들에게 하나님의 은혜에 굳게 설 것을 당부했다.

16) 베드로후서

베드로전서에서 고난에 대하여 언급했다면, 베드로후서에서는 교회 안에 들어온 거짓된 교사들에 대하여 경고하는 내용으로 구성되어 있다. 베드로가 거짓 교사들의 가르침에 무방비로 노출된 교인들을 "바르게 하기 위해" 두 번째 편지를 기록한 만큼, 이 짧은 편지에는 신약성경 중에서 가장 핵심적인 영적 진리들이 있다.[127]

127) Ibid., 317.

1장에서는 우리를 부르신 하나님을 안다면 약속을 붙들고 순종하는 사람이 될 것을 말했다. 순종은 아는 것을 전제로 하며, 진리는 변화된 삶을 요구한다. 그러므로 성도는 삶으로 하나님의 부르심을 드러내야 한다.

베드로는 자신이 살아 있는 동안에도 죽은 후에도 성도들이 진리를 생각하게 되길 간절히 원했다. 성경은 성령의 감동을 받은 사람들이 하나님께 받아 말한 것이다(1:21). 그래서 감동된 저작물이고(딤후 3:16), 감동된 말씀들이다(고전 2:13).

2장에서는 굳세지 못한 영혼들을 사냥하는 거짓된 자들을 경계할 것을 밝히고 있다. 그들은 예수 그리스도를 부인하고 지어낸 말을 가지고 자신들의 욕심을 채우는 자들이다. 이들에게 심판이 있음에 대해 범죄한 천사들, 옛 세상, 소돔과 고모라를 예로 들어 말했다.

이들은 교만하고, 연락을 즐기고, 헛된 약속들을 하는 자들로써 결국 그리스도인이 아님을 스스로 증거하고 있다.

3장에서는 주님의 재림을 사모하며 새 하늘과 새 땅을 바라본다면 이단들의 미혹에 빠지지 말고, 그리스도를 아는 지식에서 자라 가라고 권면하고 있다. 즉 주님과의 만남을 기대하는 자라면 마땅히 거룩한 생활을 해야 한다.

17) 요한일서

바울과 베드로의 죽음 후에 사도 요한은 밧모섬에 유배되기까지 3개의 서신(요한일서, 요한이서, 요한삼서)을 쓰게 되고,[128] 예수님의 동생 유다는 유다서를, 그리고 정확히는 알 수 없지만 구약에 정통했던 히브리서 기자가 히브리서를 저작했다.

128) 요한 서신의 특징은 중생에 대한 강조이다. 마치 바울 서신의 일반적 특징이 칭의를 강조했듯이 말이다.(신성종, 「신약총론」, 290-291. 참조.)

요한은 요 20:31에서 요한복음을 기록한 목적을 밝히고 있듯이 요한일서에서도 말하고 있다: 기쁨이 충만하기 위해(1:4), 죄를 범하지 않게 하기 위해(2:1), 미혹하는 자들 때문에(2:26), 영생이 있음을 알게 하기 위해(5:13).

하나님은 빛이시다. "우리가 그에게서 듣고 너희에게 전하는 소식은 이것이니 곧 하나님은 빛이시라 그에게는 어둠이 조금도 없으시다는 것이니라"(1:5). 이러한 하나님과 교제(사귐, 동행)하기 위해서는 어둠에 행하면 안 된다. 그러므로 교제를 방해하는 죄를 자백해야 한다.

하나님은 사랑이시다. "하나님이 우리를 사랑하시는 사랑을 우리가 알고 믿었노니 하나님은 사랑이시라 사랑 안에 거하는 자는 하나님 안에 거하고 하나님도 그의 안에 거하시느니라"(4:16). 하나님의 사랑을 안다면 세상을 사랑하지 말아야 한다. 왜냐하면 하나님으로부터 멀어지게 만들고, 죄를 짓게 만들고, 영원하지 않기 때문이다. 도리어 행함과 진실함으로 서로 사랑해야 한다. 사랑하는 것이 예수 그리스도의 제자됨의 표식이다(요 13:34-35).

하나님은 생명이시다. "또 증거는 이것이니 하나님이 우리에게 영생을 주신 것과 이 생명이 그의 아들 안에 있는 그것이니라"(5:11). 아들을 통해 우리에게 생명을 주신 것을 안다면 우상을 멀리해야 한다.

하나님은 빛, 사랑, 생명이시므로 요한은 그리스도인들도 빛 가운데 행하고, 서로 사랑하고, 생명의 능력을 나타내야 할 것을 말하고 있다.

18) 요한이서

이 책은 이단에 대한 투쟁을 다루고 있다. 기독교 초창기에 순회하면서 복음을 전하는 전도자들이 있었다. 그런데 영지주의(그노시즘) 이단들도 같은 방법으로 그들의 사상을 전했다. 이들은 예수가 "육체로 오신 그리스도"이심을 부인하고, 의로울 필요 없이 하나님을 만날 수 있으며, 자기들은 뛰어난 빛 비췸을 받았다고 하면서 빛을 못 받은 자를 멸시하기에 이르렀다.[129] 요한은 이들에 대하여 그리스도의 신인양성(하나님이시면서 사람이신)의 진리와, 도덕적 순종의 필요성과, 사랑이 중심됨을 강조하였다.

129) 죤 스토트, 「성경연구입문」, 160.
신비주의적이었던 그노시스 학파는 성경을 풍유적으로 해석하여 그노니스주의의 체계에 맞도록 이용했다. 그들은 말하기를, "인간이 영적 발달에 따라서 성경을 참고하게 되는데, 그 발달의 초급에서는 성경이 유용하지만, 그 발달의 높은 단계에 이르러는 성경을 초월하거나 성경을 사용하지 않게 된다"고 하였다.(박윤선, 「성경과 나의 생애」(서울: 영음사, 1992), 204-205. 참조.)

따라서 교회는 이들을 분별해야 했다. 그 표준이란 다름 아니라 "그들이 예수 그리스도를 육신으로 세상에 오신 하나님이라고 말하는가"라는 것이었다. 요한은 그들이 기본적인 테스트를 통과하지 못하면 숙소 제공 등의 어떤 도움도 일절 주지 말라고 가르쳤다. 심지어 요한은 그들에게 인사하는 것조차 금하면서 그것이 그들의 악한 일에 동참하는 것이라고 단언했다.[130]

130) 테리 홀, 「성경익스프레스」 배응준 옮김 (서울: 규장, 2009), 262.

이러한 사실로 인하여 요한은 교회와 구성원들에게 사랑의 계명을 지키며(4-6절), 미혹하는 자들을 경계하라(7-11절)고 권면하고 있다. "그를 집에 들이지도 말고 인사도 말라"(10절).

19) 요한삼서

순회전도자들의 보고를 들은 요한이 데메드리오편에 가이오에게 편지를 쓰면서 그를 위해 간구하고 있다. "사랑하는 자여 네 영혼이 잘됨같이 네가 범사에 잘되고 강건하기를 내가 간구하노라"(2절).

요한의 즐거움은 성도들이 진리 안에서 행하는 것이었다. 가이오가 그런 사람이었다. 신실한 일꾼을 돕는 것이 곧 그와 함께 일하는 것이다. 요한은 선한 사업에 부요한 가이오를 칭찬하고 있다.

반면에 교회에서 으뜸 되기를 좋아하는 디오드레베를 책망했다. 그는 형제들을 맞아들이지 않았다. 그의 이름대로 그는 자기 자신을 가장 중요시 하는 자였다. 그리스도인은 악한 것은 본받지 말고 선한 것을 본받아야 한다(롬 16:19, 살전 5:21-22).

그런데 교회 안에는 데메드리오 같은 귀한 사람도 있었다. 성도는 마땅히 악한 사람들 보고 시험 들지 말고, 선한 사람들 보고 도전 받아야 한다.

20) 유다서

유다서는 배교자의 심판을 말하면서 단번에 주신 믿음의 도를 위하여 힘써 싸울 것을 권면하고 있다. 왜냐하면 당시 거짓된 자들이 신비한 체험을 강조하고, 악행을 행했으며, 교회의 권위에 반발했으며, 성찬을 단순히 먹고 마시는 향연으로 전락시켜 버렸기 때문이다.

그들은 멸망할 것이다: 성적 타락과 부도덕으로 인해 망한 소돔과 고모라처럼(창 19장), 무죄한 동생을 죽인 가인처럼(창 4장), 선지자인 자기의 지위를 판 발람처럼(민 31:8, 16; 참조. 벧후 2:15), 하나님이 주신 권위에 대항하여 반역한 고라처럼(민 16장). 이러한 예들은 이 교사들이 범했던 죄악과 동일한 것들이다.[131]

131) 도날드 거스리 외 지음, 「콘사이스 성경핸드북」 오광만 옮김 (서울: 크리스챤 다이제스트, 1992), 531.

그리스도인들은 잘못된 이정표를 따라가면 안 된다. 왜냐하면 어긋난 길로 빠지게 되고, 결국 그 길은 멸망이기 때문이다.

그러므로 유다는 능력 있는 삶을 살기 위해 "사랑하는 자들아 너희는 너희의 지극히 거룩한 믿음 위에 자신을 세우며 성령으로 기도하며 하나님의 사랑 안에서 자기를 지키며 영생에 이르도록 우리 주 예수 그리스도의 긍휼을 기다리라"(20–21)고 말하고 있다. 그리스도인들은 인생을 믿음 위에 세우는 아름다운 건축자들이 되어야 한다.

21) 히브리서

당시 유대인들의 유대주의를 겨냥하여 썼기 때문에 구약을 가장 많이 인용한 책이다. 복음(예수 그리스도)의 우월성을 강조하고 있다.

히브리서 기자는 불확실한 시대에 살고 있는 자들에게 너희가 믿는 예수 그리스도는 천사보다 뛰어난 분이고, 모세보다 뛰어난 분이고, 여호수아보다 뛰어난 분이고, 아론보다 뛰어난 분임을 밝히고 있다.

구약의 대제사장인 아론은 그림자와 모형이라면, 예수 그리스도는 실체와 원형이시다. 히브리서 기자는 무엇보다 예수 그리스도 안에서 대제사장직이 절대적이고 최종적으로 성취되었을 뿐만 아니라, 모든 구약의 대제사장이 한 일이 완성되었다는 것을 역설하고 있다.[132]

132) 박철수, 「성경의 제사」 (서울: 도서출판 풍만, 1987), 173.

그러므로 믿음장인 11장에서 믿음의 증인들을 소개하면서 "믿음의 주"이신 예수 그리스도를 깊이 생각하고(3:1), 굳게 붙잡고(4:14), 바라보라(12:2)는 것이다. 그럴 때 믿음으로 균형 잡힌 성숙된 승리의 삶을 살게 된다. 종교인이 아닌 그리스도인으로.[133]

133) "종교적이 된다"고 하는 것은 하나님께 도달하기 위하여, 또는 하나님을 발견하기 위하여, 또는 하나님을 기쁘게 해드리려고, 인간이 자신의 부질없는 노력을 행하는 것을 일컫는다. 수 많은 그리스도인들이 자신들은 스스로 인식하지 못하는 중에 종교적인 행위라는 연자방아를 돌리고 있다. 그 결과 잇따른 좌절감과 실패감을 맛보게 된다. 그러나 그 연자방아를 밟는 일에서 벗어날 길이 있다. 바로 성령을 좇아 행하는 삶이다.(프릿츠 리데나워 저, 「종교에 매이지 않은 그리스도인」 정창영 역 (서울: 생명의 말씀사, 1992), 5-8. 참조.)

7. 신약예언서

1) 요한계시록

요한은 예수의 이름을 위하여 밧모섬에 유배되었다. 그의 형제 야고보는 사도들 가운데 가장 먼저 순교한 반면에 요한은 가장 오래 살아서 부활하신 예수 그리스도를 통하여 마지막 때에 되어 질 일들을 기록하는 영광을 누리게 되었다.

계시록은 교회의 최후 승리에 대한 것으로, 이 세상의 마지막에 대한 하나님의 계획을 밝히고 있다. 요한은 모든 시대의 충성된 신자들에게 영감을 불러일으켜 주며, 환난과 영적 충돌에도 불구하고 하나님의 목적이 궁극적으로 승리하고야 만다는 것을 증명해 보인다.[134]

134) 브루스 윌킨슨, 「신약의 파노라마」, 30.

동양의 역사관은 돌고 돈다는 것이고, 서양의 역사관은 돌면서 나아간다는 나선형이다. 그러나 기독교의 역사관은 직선이다. 시작이 있으면 끝이 있고, 창조가 있으면 종말이 있다. 알파와 오메가 되시는 하나님께서 창조하신 것에 대한 마침표를 찍으실 것이다.

계시록의 내용을 1:19에 근거하여 간략하게 말하면 다음과 같다. 1장은 네가 본 것, 즉 계시자인 예수 그리스도에 관하여[135], 2-3장은 지금 있는 일, 즉 수신자인 아시아 일곱 교회에 관하여[136], 4-22장까지는 장차 될 일[137]에 대하여 말하고 있다.

135) 1장은 요한계시록의 서론격이면서도 본서의 방향을 제시하고 있다. 특별히 1장 19절의 말씀은 본서를 해석하는 방향을 제시하고 있다. 바로 이 한 구절의 말씀 속에 계시록을 어떻게 해석해야 할 것인가를 바르게 제시하고 있다. 이를 근거로 본 저자는 "네 본 것"은 과거로, "이제 있는 일"은 현재로, "장차 될 일"은 미래(종말)에 일로 해석한다.(이광복, 「계시록 설교노트」 (서울: 도서출판 흰돌, 1998), 8. 참조.)

136) 일차적으로 아시아 일곱 교회이며, 나아가서 종말까지 나타나게 될 교회의 모습을 일곱 세대로 나누기도 하고, 각 시대마다 존재하는 일곱 교회의 모습으로 보기도 한다.

137) "반드시 속히 될 일"(1:1), "장차 될 일"(1:19), "이후에 마땅히 될 일"(4:1), "결코 속히 될 일"(22:6)로 네 번이나 강조하고 있어 "될 일"이란 상징의 표현을 통하여 실제적으로 일어날 일들임을 확증시켜 주는 것이다.(이광복, 「계시록 설교노트」, 6. 참조.)

장차 될 일을 좀 더 자세히 살펴보면 4-5장에서는 보좌에 앉으신 하나님과 어린양에 대하여 찬양하는 내용이고, 6-16장까지는 일곱인 재앙, 일곱 나팔재앙, 일곱 대접재앙을 말하고 있으며(3단 망원경을 뽑는다고 생각하면 이해가 쉬울 것이다.)[138], 17-18장은 하나님을 대적하는 총체적인 세력의 상징인 바벨론의 멸망에 대하여, 계 19장에서는 예수 그리스도의 재림, 계 20장은 천년왕국[139], 계 21-22장은 새 하늘과 새 땅에 대하여 언급하고 있다.

138) 루이스 존슨은 세 단의 망원경으로 보고 있다. 그것은 망원경의 각 부분이 서로의 안에 감추어져 있으며, 하나가 드러나면서 뒤이어 또 하나가 드러나게 되어 있다. 일곱 인이 드러난 후 일곱 나팔이 드러나며, 일곱 나팔 다음에 일곱 대접이 드러난다. ... 건드리는 세 단계의 심판이 "부분적으로 동시에 일어난다"고 말하며 이렇게 주장한다. "각 단계의 일곱 번째 부분은 동시에 일어난다." 즉 불꽃놀이나 다름없다. 처음 불꽃이 발화하고 두 번째 불꽃은 처음 불꽃에 의해 발화된다. 그러므로 나팔이 인과 함께 진행할 때 나팔과 함께 대접이 진행한다.(짐 타운센드 지음, 「신약세계여행」, 138-139. 참조.)

139) 천년왕국에 관련하여 학자들마다 후천년설, 무천년설, 역사적전천년설로 말하기도 하지만 예수 그리스도의 재림에 대해서는 이견이 없다.

전체적으로 요약하면, 예수 그리스도께서 7교회를 향하여 이기는 자가 되라고 말씀하셨다. 왜냐하면 하나님에 의해 세상 나라가 그리스도의 나라(그리스도를 통하여 하나님 나라가 완성될 것임)가 될 것이기 때문이다.

요한계시록 요약

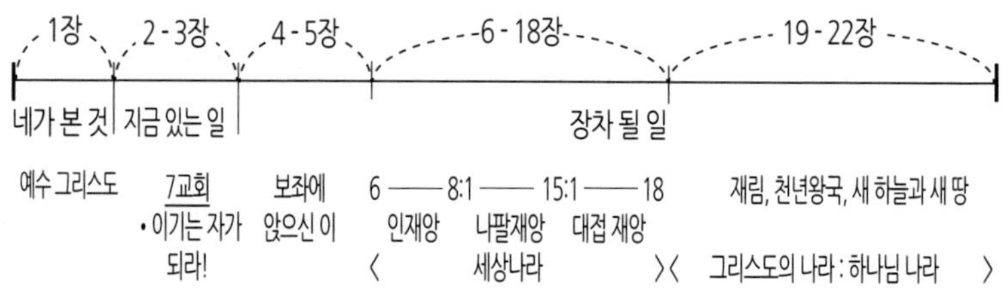

그러므로 그리스도인들은 오직 예수, 재림 신앙(마라나타 : 주 예수여 오시옵소서)을 가지고 살아야 한다.

적용

미력하나마 앞장에서 말한 성경뼈대세우기가 많은 사람들이 성경을 이해하는데 도움이 되었으면 하는 마음 간절하다. 이러한 뼈대를 가지고 앞으로 계속해서 주님이 부르시는 그 날까지 영혼의 양식인 성경을 꾸준히 읽어 나가기 바란다. 그러면 말씀의 넓이와 깊이가 더해 질 것이다. 또한 풍성하신 하나님을 경험하는 복된 삶을 살게 될 것이다.

새뮤얼 스마일스는 "생각을 심으면 행동을 거두고, 행동을 심으면 습관을 거두고, 습관을 심으면 성품을 거두고, 성품을 심으면 운명을 거둔다"고 말했다. 결국 우리의 운명을 변화시키는 길의 첫출발은 생각을 심는 것임을 알 수 있다.[140]

140) 강준민, 「말씀 묵상과 예수님을 닮아가는 삶」 (서울: 두란노, 2003), 114.

따라서 그리스도인들은 신앙생활의 첫출발을 하나님의 말씀인 성경을 읽겠다는 생각에서 시작해야 한다. 더 나아가 성경 읽는 것을 체계적으로 습관화해야 한다. 그럴 때 성경 읽는 습관은 내면 세계를 변화시키고, 나아가 삶을 변화시킬 것이다.

1. 성경을 읽겠다는 생각

생각이 있는 사람이라면 누구나 그리스도에게서 떠나지 않을 것이며 성경을 멀리하지 않을 것이다. 모든 사람은 누구나 성경의 애독자가 되어야 한다.

보통의 그리스도인들이 하루 평균 세 시간 정도 TV를 시청하는 데 반해 성경을 읽는 시간은 고작 3분밖에 안 된다는 보고가 있다. 그리스도인의 영적인 성숙이 미진하다는 점은 더 이상 놀라운 얘기가 되지 못한다. 상당수 그리스도인들이 하나님의 말씀을 읽기보다는 신문 사설이나 인터넷, 스포츠, 스마트 폰, 유튜브, 소셜 미디어, 게임에 더 많은 관심을 가지고 있다.

우리는 다양한 매체들을 통해 이 세상의 모든 것에 대하여 잘 알고 있다. 그러면서도 우리의 대부분은 성경 66권의 이름도 모른다. 얼마나 부끄러운 일인가! 아직도 성경이 교회에서나 교인들에게 널리 읽히지 않는다는 것은 놀라울 뿐이다.

이러한 사정을 쉽게 고칠 수 있는 교역자들이 대부분 무관심한 것은 더욱 나쁘다. 또한 교회 지도자들은 대개 교인들이 성경을 읽도록 열심히 권장하지 않는다. 더 나아가 사람들이 성경을 읽지 않는 것은 동기가 없거나, 게으르기 때문이라고 생각한다.

성경은 우리들이 의지할 책이다. 우리는 성경을 읽는 방법을 배워야 하고, 성경을 읽으면 우리의 마음이 항상 새로워지고, 우리의 생명에 대한 생각을 할 수 있다. 우리의 생활은 우리의 생각의 산물이다. 옳게 살려면 옳게 생각할 필요가 있다.

2. 성경 읽는 것을 체계적으로 습관화함

성경을 읽는 것은 그리스도인의 기본적인 습관이다. 성경에 대한 우리의 자세는 그리스도에 대한 우리의 자세를 나타낸다. 우리는 어떤 사람을 사랑한다면 그에 대한 글을 즐겨 읽을 것이다. 만일 우리가 성경을 읽는 것을 그리스도에 대한 헌신으로 생각한다면 이 문제를 경솔하게 취급하지 않을 것이다.

습관적으로 그리고 조직적으로 성경을 읽는 것은 중요한 일이다. 이따금 마음이 내키면 읽는 것은 별로 의미가 없다. 우리가 조직적으로 읽지 않든지 확고한 결심을 하지 않으면 성경을 많이 읽지 못한다. 우리의 내적 생명도 육체처럼 일용할 양식이 필요하다.

성경을 읽는 계획을 세웠다 하더라도 매일 일정한 시간에 읽어야 한다. 그렇지 않으면 그 계획을 실천하기가 어렵게 된다. 하루 중 가장 적당한 시간을 선택하는 것과 그것을 지키도록 노력하고, 이따금 어쩔 수 없이 계획에 차질이 생겨도 실망하지 않는 것이다.

성경을 읽는 계획은 적당한 빈도로 성경 전부를 독파해야 한다. 그 이유는 성경 모두가 하나님의 말씀이며, 모두가 한 이야기이며, 그리스도를 중심으로 하여 깊고 놀라운 체계로 문학적인 구조를 이루

기 때문이다.[141]

141) 할레이 저, 「최신 성서핸드북」, 887.

균형잡힌 성경 읽는 계획은 다음과 같다고 생각한다. 구약성경을 한번, 신약성경을 두 번 통독해서 일년에 한 번 읽는 것이 보통 사람에게 최소의 계획으로 적당할 것 같다. 또 1월에 시작해서 12월에 끝나는 것이 좋을 것 같다.

하루에 읽는 성경의 양은 사람에 따라, 내용에 따라 달라질 수 있다. 어떤 사람들은 하루에 성경을 3-4장을 읽어서 일년만에 성경을 전체를 읽도록 계획하는 사람들도 있다. 이때 신약과 구약을 번갈아 읽도록 하는 것도 좋다. 덧붙여서 잠언과 시편에서 매일 한 장씩 읽는 것도 실제적인 도움을 준다. 또는 하루에 한 장씩을 읽어서 3년만에 성경을 다 읽는 방법도 있다. 죠지 뮬러가 성경을 읽을 때 그는 그 양에 대하여 이렇게 말했다. "나는 나의 모든 것을 의뢰할만한 구절이 나타날 때까지 계속하여 읽고 그것이 발견되면 나는 읽기를 중지한다."

성경은 읽혀지기 위해서 기록되었다. 읽혀지지 않은 성경은 먹기를 거부당한 음식이요, 개봉되지 않은 사랑의 편지요, 묻혀진 칼이요, 펼쳐지지 않은 안내도요, 채광되지 않은 금광이다. 어떤 사람은 "책은 그것이 독자의 손에 들려 있을 때에만 책의 구실을 할 뿐이요, 그 이외의 시간은 가공품에 지나지 않는다"라고 했다. ... 성경학자인 리챠드 몰턴이 언젠가 자기 책에서 이런 논평을 한 적이 있다.

"우리는 이제까지 히브리어나 라틴어로 필요한 것의 모든 것을 해냈다. 우리는 성경의 어휘들을 분석하고, 충분한 주석을 만들고, 그것들을 번역하고, 그것을 판을 거듭하며 출판해 내고, 그것들을 위한 증거와 영감의 확실성을 보장하기 위해 토론을 벌이고, 또 신학 공부에 도움이 되는 많은 책들을 출판하여 권장하고, 그 책들의 내용들을 반복 인용하고, 학교 교과과정의 내용들을 발췌하여 소사전을 편찬하고 .... 그러나 성경에 관해 꼭 해야할 한가지는 아직 남아있다. 그것은 단순히 성경을 읽는 것이다."[142]

142) 어빙 젠센 저, 「성경공부 요령」 유강식 역 (서울: 생명의 말씀사, 1992), 35-36.

성경을 읽는 방식에는 물론 여러 가지가 있지만,[143] 아마도 다음과 같은 요소들을 포함하고 있어야 추천할 만한 성경 읽기 방식이라고 할 수 있을 것이다. 첫째는 매일 성경을 읽도록 해주어야 한다. 둘째는 매일 체계적이고 구체적으로 성경을 읽도록 도와주어야 한다. 셋째는 매일 성경을 읽기에 적당한 분량이어야 한다. 넷째는 매일 구약과 신약의 각 부분을 골고루 읽도록 해주어야 한다. 다섯째는 성경을 매일 읽어서 가급적이면 일 년에 일회정도는 성경을 완독하도록 해주어야 한다.[144]

143) 하루에 한 장 읽기, 권으로 읽기, 한 권을 여러 번 읽기 등.

144) 백금산, 「성경, 이렇게 읽읍시다」(서울: 부흥과개혁사, 2000), 9.

부록에 소개한 성경 읽기표에 따라 계획한 분량을 단번에 읽는 것이 가장 좋다. 이것은 얼핏 생각하는 것처럼 그렇게 어려운 일이 아니다. 성경의 각 책들의 절반이 보통의 신문처럼 겨우 두 개의 면만을 차지할 정도로 분량이 매우 적다. 좀더 부피가 많은 책들은 처리하기 쉽게 내용을 고려하여 작은 부분들로 나누면 읽기가 쉬울 것이다.

그리고 진정으로 성경을 이해하기 원한다면 읽는 법을 배워야 한다. 더 잘, 더 빠르게, 처음 대하는 듯이, 그리고 사랑의 편지를 읽듯이 성경을 읽는 법을 습득해 나가야 한다. 하워드 핸드릭스와 윌리엄 핸드릭스가 함께 쓴 책 "삶을 변화시키는 성경연구"에 보면 '성경을 효과적으로 읽게 해주는 열 가지 전략들'에 대하여 말하고 있는 것을 볼 수 있다.[145]

145) '탐구하는 자세로 읽으라', '반복해서 읽으라', '인내하며 읽으라', '분석적으로 읽으라', '기도하는 자세로 읽으라', '다양한 방법을 사용하여 읽으라', '묵상하며 읽으라', '목적을 이해하며 읽으라', '내용을 소화하며 읽으라', '망원경 시각을 가지고 읽으라.'(하워드 헨드릭스. 윌리엄 헨드릭스 공저, 「삶을 변화시키는 성경연구」 정 현 옮김 (서울: 디모데, 1997), 109-176. 참조.)

본문을 읽을 때, 그 책의 전체적인 내용을 발견하도록 힘쓰라. 한 가지 방법은 앞에서 언급한 것처럼 "성경뼈대세우기의 내용을 보고 읽은 다음 다시 내용을 보고 확인하는 것"이다. 이것은 우리에게 골격을 제공한다. 그리고 나서 그 뼈대에 살을 붙이면 된다.

성경을 읽기 위해 1주간 성경통독 모임,[146] 성경통독 특별새벽기도회,[147] 단기간 성경통독반,[148] 주간 성경톡독,[149] 가정 예배시 성경읽기,[150] 성경통독 세미나,[151] 성경통독 수련회[152] 등 다양한 방법들을 사용하고 있다.

146) 성경을 읽는 방법 중 가장 효과적이고, 훌륭한 방법이 있다면 짧은 기간 동안에 성경전체를 다 읽는 것이라 생각된다. 현재 에스라 성경연구원을 비롯하여

한시미션, 장신대 제자의 길, 요한선교단, 충청지구 평신도 훈련원, 쉐마 성경통독선교회, 영신선교회 등에서 이 모임을 갖고 있다.

147) 교회마다 1년에 한 두 차례 특별새벽기도회를 가진다. 이 기간을 통해서 말씀을 읽고, 기도의 시간을 갖는다면 의미가 있을 것이다.

148) 성경통독반에서 40일, 2개월, 6개월, 혹은 1년을 단위로 성경전체 읽기를 진행하면 큰 도움이 될 것이다. 이때 모임은 최소한 일주일에 한 번 정도는 모여야 하며, 모였을 때는 우선 한 주간동안 매일 읽어 나갈 성경을 분량을 미리 나누어주고, 인도자가 다음 주간동안 읽어야 할 성경의 내용에 대하여 간략한 안내를 해 주어야 한다. 모임 시간은 2시간을 넘기지 않도록 하는 것이 바람직하다.

149) 주보를 통해 주간 성경공부를 실시하는 교회가 많이 있다. 그런데 이 주간 성경 공부를 대개 교인들로 하여금 성경을 읽도록 하는 프로그램으로 개발되고 있음을 알 수 있다.

150) 가정 예배시 가족이 둘러앉아 일정 분량을 서로 나누어 읽으면 좋다.

151) 성경을 읽을 뿐만 아니라, 맥을 짚어 준다는 유익이 있다.

152) 여름이나 겨울수련회에서 무리하지 않고 신약만이라도 통독하면 좋을 것이다.

필자는 주보에 1년 일독을 위해 매주 읽을 성경본문을 실어 놓고, 새벽예배에는 매일 창세기서부터 1장씩 읽어가면서 설명하고, 수요일예배에는 시가서를 차례대로 전하고, 금요일 심야예배에는 소선지서를 차례대로 전하고, 주일 낮예배와 오후예배에는 구약과 신약을 1권씩 택하여 겹치지 않게 번갈아 가면서 전하고 있다. 그리고 봄과 가을로 2달(60일 성경읽기표 사용)에 성경을 일독할 수 있도록 성경일독반을 운영하고 있다. 한마디로 필자의 사역은 성경전체를 읽게 하고, 전하고, 듣게 함으로 교회 전체가 성경을 통하여 하나님의 아들을 아는 일과 믿는 일에 하나되게 하는데 있다.

3. 내면 세계와 삶의 변화

우리 주변에는 조간 신문에 난 오늘의 운세를 읽기 전에는 집을 나서지 못하는 이들도 있다. 그리스도인들이 매일 아침, 직장으로, 학교로, 쇼핑을 떠나기 전에 그와 같은 열심으로 성경을 읽는다면 어떤 일이 벌어질까? 아마도 자기의 삶과 주변의 사람들이 변화될 것이다.

하나님의 생각이 우리의 마음속에 들어오면 우리의 마음은 하나님의 마음처럼 된다. 우리의 마음이 하나님의 마음처럼 되면 우리의 모든 생활은 그의 형상으로 변화한다. 이것은 우리가 얻을 수 있는 매우 좋은 영적인 작용이다.[153]

153) 할레이 저, 「최신 성서핸드북」, 887.

19세기 영국의 브리스톨에서 수많은 고아들을 돌봤던 조지 뮬러(1805-1898)는 믿음과 기도의 사람으로 불린다. 그가 얼마나 많은 기도의 응답을 체험했는지 안다면 깜짝 놀랄 것이다. 무엇이 그로 하여금 믿음과 기도의 사람이 되게 하였을까? 그는 일생 동안 성경을 200번 이상 읽었고, 성경 읽는 시간의 절반 이상을 무릎을 꿇고 기도하고 열심히 성경을 연구하는 것으로 보냈다.[154]

154) 릭 워렌 지음, 「개인성경연구 길라잡이」, 김낙환 옮김 (서울: 디모데, 2000), 6-7.

그는 그의 고아원에서 기도와 믿음으로 기독교의 역사상 뛰어난 일을 했는데, 그의 성공은 성경에 대한 그의 사랑 때문이라고 다음과 같이 말했다.

"내가 기쁜 마음으로 이 일을 계속할 수 있게 된 중요한 이유는 내가 성경을 애독했기 때문이라고 믿는다. 나는 일년 열두 달 기도하는 마음으로 성경을 애독했으며, 거기서 얻은 것을 실천했다. 나는 69년 동안 행복하고, 행복하고, 행복한 사람이 되었다."[155]

155) 할레이 저, 「최신 성성핸드북」, 885-886.

시토 수도원장인 윌리엄(William of St. Thierry)은 올바른 성경 읽기에 대하여 다음과 같이 말한다.[156]

156) 이상규, 전국투어 QT컨퍼런스: Touch 2003, (서울: 천만큐티운동본부, 2003), 38.

"성경은 성경이 쓰여질 때 영감을 주었던 그 성령을 통해서 읽혀지고 이해되어야 한다. 시편에 나타난 감정을 자신의 것으로 체험해보기 전까지는 결코 다윗의 심정을 이해할 수 없다. 그리고 이 진리는 오늘날 성경을 읽을 때에도 적용된다. 단지 안면만 있는 사이와 깊은 우정을 나누는 사이가 다른 것처럼, 주의 깊게 온 마음을 다하여 읽는 것과 단순히 읽어 내려가는 것과는 차이점이 여기에 있다"

요컨데 성경은 "모든 것 곧 하나님의 깊은 것이라도 통달하시는 성령"(고전 2:10)의 도우심 속에서 읽어야 한다는 것이다. 성경은 "성령의 검"(엡 6:17)이다. 성령 안에서 "하나님의 말씀은 살았고 운동력이 있어 좌우에 날선 어떤 검보다도 예리하여 혼과 영과 및 관절과 골수를 찔러 쪼개기까지 하며 또 마음의 생각과 뜻을 감찰"(히 4:12,13)한다. 이와 같이 하나님의 말씀을 우리 존재의 심층까지 받아들이고 체험할 때, 하나님의 말씀은 참으로 존재를 형성하고 삶을 변화시키는 힘이 있다. 그러므로 성경은 반드시 정보를 얻기 위해서 읽는 방식(informational)을 넘어서서 자신을 새롭게 형성하기 위해(formational) 성령 안에서 읽어야 한다.

그러기 위해 우리는 성경을 읽기 전에 기도해야 하며, 또 기도하는 마음으로 읽어야 한다. 그리고 많은 그리스도인들은 조명을 간구하는 데 있어서 성경에 있는 기도를 사용하는 것이 매우 도움이 된다는 것을 발견한다.

예를 들면, 시편 기자의 간구에서처럼, "내 눈을 열어서 주의 법의 기이한 것을 보게 하소서"(시 119:18)와 같은 것이다. 혹은, 바울이 지식과 깨달음의 성장을 위하여 구한 위대한 기도 중의 하나를 예로 들면, "우리 주 예수 그리스도의 하나님 영광의 아버지께서 지혜와 계시의 정신을 너희에게 주사 하나님을 알게 하시고 너희 마음 눈을 밝히사 그의 부르심의 소망이 무엇이며 성도 안에서 그 기업의 영광의 풍성이 무엇이며 그의 힘의 강력으로 역사하심을 따라 믿는 우리에게 베푸신 능력의 지극히 크심이 어떤 것을 … 알게 하시기를 … "(엡 1:17-19, 참고 3:14-19, 빌 1:9-11, 골 1:9-14) 등이다.

하나님 앞에서 그처럼 우리 자신을 낮추고 우리의 어두움을 인정하고 빛을 비춰주시기를 호소하면 응답 받지 않을 수 없다. 죠지 휫필드(Goerge Whitefield)는 옥스퍼드 펨브로우크 대학에서 회개한 후 얼마되지 아니하여 자기 일기장에 다음과 같이 기록하였다.

"나는 모든 책을 제쳐두고서 무릎을 꿇고 성경을 읽기 시작하였다. 가능한 한 매줄 매글자를 읽을 때 기도하였다. 이는 내 영혼의 참 양식과 참 음료가 되었다. 매일 위로부터 새로운 생명과 빛과 능력을 받았다."[157]

157) 죤 스토트, 「성경연구입문」, 220.

살아 있는 하나님의 말씀만이 사람을 변화시키며, 내면 세계의 질서를 가지게 하고, 온전한 삶을 살게 한다.

나오면서

지금까지 살펴 본 바와 같이 신앙에 관계된 모든 것들은 말씀 위에 세워져야 된다고 생각한다. 왜냐하면 기독교는 계시(말씀)종교이기 때문이다.

오늘날 성령은 말씀을 통해서, "오직" 말씀을 통해서 역사 하신다. 많은 사람들에게 이것은 이해하기 어렵다. 유대인들만이 표적을 바라는 것이 아니라 오늘날 많은 그리스도인들도 특별한 현시, 즉 방언으로 말하는 것과 안수를 통한 치유, 환상, 계시, 체험 등에서 확신을 구한다.

그러나 종교개혁은 하나님 말씀에만 매달린다(Sola Scriptura). 종교개혁자들이 주장하는 성경은 성령께서 말씀하시는 매개체이다. 성경은 성령으로 영감받은 것이므로, 성령은 또한 구원을 베풀고 심령을 변화시키기 위해 성경을 사용하신다. 그러므로 성경 이외에 또는 성경 대신 어떤 다른 도구를 사용하는 것은 지지할 수 없는 일이다.[158]

158) Van der Waal, 「반더발의 성경언약 연구」, 308-309.

그리스도인들은 성경에서 말하는 바른 복을 누려야 한다. 그러기 위해서는 바로 알고, 바로 믿고, 바로 순종해야 한다. 그 출발점이 성경 읽기이다.

어떤 방법으로 성경을 읽든지 간에 가장 중요한 것은 성경을 사랑하는 마음이다. 성경을 사랑하는 마음은 곧 하나님을 사랑하는 마음에서 비롯되는 것이다. 다시 말하면 성경에서 유익을 얻는 최선의 방법은 영적으로 갈급한 마음을 갖는 것이다. 목마른 사슴이 시냇물을 찾아 갈급함 같이, 파수꾼이 새벽을 기다림 같이, 마른 땅이 비를 기다림 같이.

성경을 통해 날마다 하나님의 음성을 듣고 영적으로 하나님의 임재를 체험하는 삶을 살기 바란다면 성경을 읽어야 한다. 어떤 방식의 성경 읽기든 그 사람에게 참으로 영혼의 유익이 될 것이다. 성경은 영혼의 양식이다. 육체도 생존을 위해 영양분이 필요하듯, 매일 성경을 읽고 그 뜻을 깊이 깨닫는 일도 영혼을 위해 필수불가결한 일이다.

예수님은 "내 양은 내 음성을 들으며"(요 10:27)라고 말씀하셨다. 우리는 주님의 양이므로 주님의 음성을 들어야 한다. 그러면 주님의 음성은 어떻게 듣는가? 하나님의 말씀, 즉 성경을 통해서 듣는다. 하나님의 음성을 듣는 방법은 여러 가지가 있지만, 가장 건전하고 정확한 방법은 기록된 하나님의 말씀을 통해 듣는 것이다.

성경 읽기에 대해 가장 자주 나오는 질문은 성경을 언제, 어떻게 읽어야 하느냐? 는 것이다. 성경을 읽기 좋은 시간이 생기기를 기다리지 말라. 대부분의 그리스도인들은 그들의 삶이 너무 바쁘기 때문에 한가한 시간을 찾아보기 힘들다. 그러므로 오늘부터 일정한 시간을 내어 성경 읽기를 위한 계획을 세워야 한다. 그리고 시작하라. 시작을 연기하는 것처럼 많은 시간의 낭비는 없다는 말은 성경 읽기에 대하여서도 사실이다.

캠벨 몰갠씨는 "78시간 동안에 창세기 1장에서 요한계시록 22장까지의 성경 전체를 읽을 수 있다고 하였더니 그 말을 들은 한 변호사는 몰갠씨에게 반박했다고 한다. 그런데 그 변호사도 집에 가서 불과 80시간 내에 성경을 전독하였다고 한다."[159] 그렇다면 성경을 통독하고자 80시간만 내 놓아 보자! 누구나 사람들은 바쁘다는 핑계로 성경 읽기를 게을리 하지만 시간을 내자. 그렇지 않으면 그 속에 포함되어 있는 진리를 결단코 찾아낼 수 없다.

159) 헨리에타 미어즈, 「성경의 파노라마」 (서울: 생명의 말씀사, 1983), 7.

또한 "성경은 너무나도 방대해서 어디서부터 시작해야 할지 또 어떻게 읽어 나가야 할지 모르겠다"고 많은 사람들은 말한다. 우리가 많은 시간을 성경 읽기에 바친다 할지라도 어떤 방법이 없는 한 그 같은 말은 사실이다. 필자가 본문에서 밝힌 것처럼 성경뼈대세우기의 방법을 사용하면 많은 유익이 있을 것이다. 이것이 성경 읽기의 모든 것은 아니다. 하나의 방법일 뿐이다. 또 다른 측면에서 성경 읽기를 할 수 있도록 다양한 방법이 나오기를 바란다.

오늘날 세상의 정보와 지식은 머리 안에 가득 채우면서 하나님의 말씀을 등한시하는 사람이 많다. 하지만 그리스도인이라면 마음에 하나님의 말씀으로 가득한 성령 충만한 사람이 되기를 힘써야 한다. 그럴 때 하나님께 영광을 돌리는 복된 인생을 살게 될 것이다. 아무쪼록 이것을 통하여 성경을 가까이 하고, 묵상하고, 순종함으로 승리하는 삶을 살게 되기를 바란다.

참고문헌

강영래, 「성서속을 달려라!」서울: 아가페출판사, 1989.
강준민, 「말씀 묵상과 예수님을 닮아가는 삶」서울: 두란노, 2003.
강학종, 「쉽게 보는 어려운 성막」서울: 베드로서원, 2000.
김남준, 「죄와 은혜의 지배」서울: 생명의말씀사, 2005.
김태평, 「자세히 보는 성막여행」서울: 멘토, 1998.
박윤선, 「성경과 나의 생애」서울: 영음사, 1992.
박철수, 「성경의 제사」서울: 도서출판 풍만, 1987.
백금산, 「성경, 이렇게 읽읍시다」서울: 부흥과개혁사, 2000.
송신호, 「내가 죽은 십자가」서울: 말씀과 교제, 2006.
신성종, 「신약총론」서울: 기독교문서선교회, 1985.
신주식, 「성경의 맥 관통」서울: 풍성, 2008.
이광복, 「계시록 설교노트」서울: 도서출판 흰돌, 1998.
이애실, 「어? 성경이 읽어지네!」서울: 두란노, 2003.
이재철, 「성숙자반」서울: 홍성사, 2007.
이학재, 「에스겔 어떻게 읽을 것인가?」서울: 성서유니온선교회, 2002.
이상규, 「전국투어 QT컨퍼런스: Touch 2003」서울: 천만큐티운동본부, 2003.
조병호, 「성경통독 이렇게 하라」서울: 땅에 쓰신 글씨, 2004.

Irving L. Jensen, Enjoy Your Bible, chicago: moody press, 1979.

G. I. 윌리암슨, 「소요리문답강해」 최덕성 역, 서울: 성광문화사, 1981.
Max E. Anders, 「성경 맥잡기」 박이경 역, 서울: 기독교문사, 1994.
Van der Waal, 「반더발의 성경언약 연구」 명종남 역, 서울: 나침반, 1995.
어빙 젠센, 「독자적인 성경공부」 홍성철 역, 서울: 생명의 말씀사, 1993.
________, 「젠센의 챠트식 성경공부」 김규병 역, 서울: 보이스사, 1994.

_______, 「성경공부 요령」 유강식 역, 서울: 생명의 말씀사, 1992.
테리 홀, 「성경을 좀 더 재미있게 공부하는 방법을 가르쳐 주세요」 김옥현 역, 서울: 나침반, 1992.
_______, 「성경종합개관」 안종환 역, 서울: 나침반, 1994.
_______, 「성경익스프레스」 배응준 역, 서울: 규장, 2009.
토마스 넬슨 출판사, 「손에 잡히는 넬슨 성경개관」 김창환 역, 서울: 죠이선교회, 2008.
죤 스토트, 「성경연구입문」 최낙재 역, 서울: 성서유니온, 1989.
이상현, 「조나단 에드워드 신학」 이용중 역, 서울: 부흥과개혁사, 2008.
헨리 블렉커비, 「십자가를 경험하는 삶」 조계광 역, 서울: 생명의 말씀사, 2006.
스티븐 리콜스, 「세상을 바꾼 종교개혁이야기」 이용중역, 서울: 부흥과개혁사, 2009.
켄트 엔더슨, 「설교자의 선택」 이웅조 역, 서울: 성서유니온선교회, 2008.
프란시스 쉐퍼, 「이성에서의 도피」 김영재 역, 서울: 생명의 말씀사, 1985.
_______, 「거기 계시며 말씀하시는 하나님」 허긴 역, 서울: 생명의 말씀사, 1989.
도널드 반 하우스. 버나드 서트클리프, 「성경의 내용과 권위」 이종태 역, 서울: 생명의 말씀사, 1981.
고든 디. 피 . 더글라스 스튜어트, 「성경을 어떻게 읽을 것인가」 오광만 역, 서울: 성서유니온, 1996.
그레엄 골즈워디, 「복음과 하나님의 나라」 김영철 역, 서울: 성서유니온, 1988.
_______, "잠언" 「지혜서 강해집」, 서울: 성서유니온, 1993.
필립 얀시, 「맥잡는 성경 읽기」 임종원 역, 서울: 진흥, 2002.
노만 가이슬러, 「그리스도는 성경의 열쇠」 황영철 역, 서울: 생명의 말씀사, 1988.
마크 스트롬, 「성경교향곡」 오광만 역, 서울: 한국기독학생회출판부, 1995.
부르스 H. 윌킨슨, 「구약의 파노라마」 디모데성경연구원, 서울: 도서출판 디모데, 1996.

_______, 「신약의 파노라마」 디모데성경연구원, 서울: 도서출판 디모데, 1996.
크리스토퍼 허드슨외, 「하루만에 꿰뚫는 성경관통」 배응준 역, 서울: 규장, 2005.
할레이, 「최신 성서핸드북」 박양조 역, 서울: 기독교문사, 1988.
존 A. 데이비스, "전도서"「지혜서 강해집」, 서울: 성서유니온, 1993.
짐 타운센드, 「의의 불을 밝힌 사람들」 박사욱 역, 서울: 죠이선교회, 1996.
_______, 「구약세계여행」 김희건 역, 서울: 죠이선교회, 1994.
_______, 「그리스도의 네 가지 모습」 조은혜 역, 서울: 죠이선교회, 1994.
_______, 「신약세계여행」 조은혜 역, 서울: 죠이선교회, 1997.

짐 윌호이트 . 래런드 라이켄, 「성경을 효과적으로 가르치는 비결」 최예자. 문희경. 손미라 역, 서울: 프리셉트, 1996.
도날드 거스리, 「성경의 교훈: 신약편」 양용의 역, 서울: 성서유니온, 1990.
도날드 거스리 외, 「콘사이스 성경핸드북」 오광만 역, 서울: 크리스챤 다이제스트, 1992.
프릿츠 리데나워, 「종교에 매이지 않은 그리스도인」 정창영 역, 서울: 생명의 말씀사, 1992.
하워드 헨드릭스. 윌리엄 헨드릭스, 「삶을 변화시키는 성경연구」 정 현 역, 서울: 디모데, 1997.
릭 워렌, 「개인성경연구 길라잡이」 김낙환 역, 서울: 디모데, 2000.
헨리에타 미어즈, 「성경의 파노라마」, 서울: 생명의 말씀사, 1983.

부록

:: 주(週)가 종교적인 생활의 단위이기 때문에 주 단위로 신구약을 교대로 매주 한 권, 짧은 것은 몇 권, 긴 것은 나누어서, 1년에 구약은 한 번, 신약은 두 번 다음과 같이 읽는 것이 좋을 것 같다. [1)]

1주	창세기	2주	마태복음
3주	출애굽기	4주	마가복음
5주	레위기	6주	누가복음
7주	민수기	8주	누가복음
9주	신명기	10주	요한복음
11주	여호수아, 사사기	12주	사도행전
13주	룻기, 사무엘상	14주	로마서
15주	사무엘하	16주	고린도전서, 고린도후서
17주	열왕기상	18주	갈라디아서,에베소서,빌립보서,골로새서
19주	열왕기하	20주	데살로니가전서,데살로니가후서,디모데전서,디모데후서,디도서,빌레몬서
21주	역대상	22주	히브리서, 야고보서
23주	역대하	24주	베드로전서,베드로후서,요한 1,2,3서,유다서
25주	에스라, 느헤미야, 에스더	26주	요한계시록
27주	욥기	28주	마태복음
29주	시편	30주	마가복음
31주	시편	32주	누가복음
33주	시편	34주	누가복음
35주	잠언, 전도서, 아가	36주	요한복음
37주	이사야	38주	사도행전
39주	이사야	40주	로마서
41주	예레미야	42주	고린도전서, 고린도후서
43주	예레미야, 예레미야 애가	44주	갈라디아서,에베소서,빌립보서,골로새서
45주	에스겔	46주	데살로니가전서,데살로니가후서,디모데전서,디모데후서,디도서,빌레몬서
47주	다니엘	48주	히브리서, 야고보서
49주	호세아,요엘,아모스,오바댜,요나,미가	50주	베드로전서,베드로후서,요한 1,2,3서,유다서
51주	나훔,하박국,스바냐,학개,스가랴,말라기	52주	요한계시록

1) 할레이 저,「최신 성서핸드북」박양조 역, 890-891.

:: 성경을 3년에 읽기 위한 계획: 이 계획은 제목의 순서와 다양성을 고려하여 짜여진 것이다. 새로운 책을 시작할 때마다 주어진 기간에 맞추어서 매일 읽을 성경의 양을 스스로 결정하도록 하라.[2)]

<table>
<tr><th>월＼년</th><th>첫 번째 해</th><th>두 번째 해</th><th>세 번째 해</th></tr>
<tr><td rowspan="2">1월</td><td rowspan="2">마가복음</td><td>시편 42 - 72</td><td rowspan="2">열왕기 상. 하</td></tr>
<tr><td>로마서</td></tr>
<tr><td>2월</td><td>창세기</td><td>전도서</td><td>시편 107 - 150</td></tr>
<tr><td>3월</td><td rowspan="3">사도행전</td><td>민수기</td><td>예레미야-애가</td></tr>
<tr><td>4월</td><td>욥기</td><td>에스라.느헤미야.에스더</td></tr>
<tr><td>5월</td><td>갈라디아서 - 골로새서</td><td>아가</td></tr>
<tr><td>6월</td><td>출애굽기</td><td>신명기</td><td>역대 상.하</td></tr>
<tr><td rowspan="2">7월</td><td>시편 1-41</td><td rowspan="2">베드로전서 - 요한삼서</td><td>호세아 - 말라기</td></tr>
<tr><td rowspan="4">마태복음</td><td>야고보서,유다서,빌레몬서</td></tr>
<tr><td rowspan="2">8월</td><td>시편 73 - 106</td><td rowspan="4">이사야서</td></tr>
<tr><td rowspan="3">요한복음</td></tr>
<tr><td rowspan="2">9월</td></tr>
<tr><td>레위기</td></tr>
<tr><td rowspan="2">10월</td><td rowspan="2">잠언</td><td>여호수아</td><td rowspan="2">디모데 전.후서</td></tr>
<tr><td>사사기. 룻기</td></tr>
<tr><td>11월</td><td>에스겔-다니엘</td><td>고린도 전.후서
데살로니가 전.후서</td><td rowspan="2">누가복음</td></tr>
<tr><td>12월</td><td>요한계시록</td><td>사무엘 상.하</td></tr>
</table>

2) 어빙 젠센 저,「성경공부 요령」유강식 역, 129.

:: 40일 신구약 전체통독: 하루 통독량이 많음을 고려할 것.[3)]

일	통독범위	일	통독범위
1	창 1-11장	21	에, 스1-10장, 학, 슥, 시119편
2	창 12-36장	22	느, 말
3	창 37-50장	23	마1-4, 8-12, 14-18, 26-28장
4	출 1-18장	24	마 5-7, 13, 19-25장
5	출 19장 - 레 10장	25	막 4-10장
6	레 11장 - 민 10:10	26	막 1-3, 11-16장
7	민 10:11-36장	27	눅 4장-19:27, 24장
8	신	28	눅 1-3장, 19:28-23장
9	수 1장 - 삿 2:10	29	요1-2장, 3:22-36, 13-17장
10	삿 2:11- 룻	30	요3:1-21, 4-12장, 18-21장
11	삼상 1-8장	31	행 1-12장
12	삼상 9-31장, 시편7개	32	행 13장-18:22, 살전, 살후, 갈
13	삼하 1-10장, (대상 1-29장), 시 60편	33	행 18:23-21:16, 고전,고후,롬
14	삼하 11장 - 왕상 2장, 시편 5개, 그 외 시편	34	행 21:17-26장
15	왕상 3-11장,(대하 1-9장) 시 72, 127편, 잠.아.전.욥	35	행 27-28장, 엡,골,빌,몬
16	왕상 12장 - 왕하 14장, (대하 10-25장), 암.호.욘	36	딤전, 딛, 딤후
17	왕하 15-20장, 사, 미 (대하 26-32장)	37	히, 약
18	왕하 21-23장, 습.합.나. 욜	38	벧전, 벧후, 유
19	왕하 24-25장, 렘, (대하 33-36장), 옵.애	39	요일, 요이, 요삼
20	겔, 단	40	계

3) 조병호, 「성경통독 이렇게 하라」, 680.

:: 성경통독 52주 계획표[4)]

주	성경범위	주	성경범위
1	창 1-11장	27	왕하 24-25장, 렘, (대하 33-36장), 옵, 애
2	창 12-25:11	28	겔
3	창 25:12-36장	29	단
4	창 37-50장	30	에, 스1-6장, 학, 슥, 스7-10장, 시 119
5	출 1-18장	31	느, 말
6	출 19-34장	32	마1, 4, 8-9, 14-18장
7	출 35- 레10장	33	마 2-3, 10-12, 26-28장
8	레11장-민10:10	34	마 5-7, 13, 19-25장
9	민 10:11- 21장	35	막 4-10장
10	민 22-36장	36	막 2-3, 11-13장
11	신, 시90편	37	막 1, 14-16장
12	수 1-12장	38	눅 5장-10:24, 24장
13	수 13장-삿 2:10	39	눅 4장, 10:25-19:27
14	삿 2:11-21장, 룻	40	눅 1-3장, 19:28-23장
15	삼상 1-8장	41	요 1-2장, 3:22-36, 13-17장
16	삼상 9-31장, 시 34, 52, 54, 56, 57, 59, 142편	42	요 3:1-21, 4-10장
17	삼하 1-10장 (대상 1-29장), 시 60편	43	요 11-12, 18-21장
18	삼하 11-왕상 2장, 시 3, 7, 18, 51, 63편, (그 외 시편)	44	행 1-12장
19	왕상 3-10장, (대하 1-9장), 시 72, 127편	45	행 13-18:22, 살전.후, 갈
20	잠, 아	46	행 18:23-20:16, 고전.후
21	왕상 11장, 전도서	47	행 20:17-21:16, 롬
22	욥	48	행 21:17-26장
23	왕상 12- 왕하 14장 (대하 10-25장)	49	행 27-28장, 엡, 골, 빌, 몬, 딛, 딤전.후
24	암, 호, 욘	50	히, 약
25	왕하 15-20장, 사, 미, (대하 26-32장)	51	벧전.후, 유, 요일,요이,요삼
26	왕하 21-23장 습, 합, 나, 욜	52	계 1-22장

4) Ibid., 688-689.

:: 맥체인 성경읽기표[5)]

일＼월	1				2				3			
	가정		개인		가정		개인		가정		개인	
1	창1	마1	스1	행1	창33	막4	에9,10	롬4	출12:29-51	눅15	욥30	고전16
2	2	2	2	2	34	5	욥1	5	13	16	31	고후1
3	3	3	3	3	35.36	6	2	6	14	17	32	2
4	4	4	4	4	37	7	3	7	15	18	33	3
5	5	5	5	5	38	8	4	8	16	19	34	4
6	6	6	6	6	39	9	5	9	17	20	35	5
7	7	7	7	7	40	10	6	10	18	21	36	6
8	8	8	8	8	41	11	7	11	19	22	37	7
9	9.10	9	9	9	42	12	8	12	20	23	38	8
10	11	10	10	10	43	13	9	13	21	24	39	9
11	12	11	느1	11	44	14	10	14	22	요1	40	10
12	13	12	2	12	45	15	11	15	23	2	41	11
13	14	13	3	13	46	16	12	16	24	3	42	12
14	15	14	4	14	47	눅1:1-38	13	고전1	25	4	잠1	13
15	16	15	5	15	48	1:39-80	14	2	26	5	2	갈1
16	17	16	6	16	49	2	15	3	27	6	3	2
17	18	17	7	17	50	3	16.17	4	28	7	4	3
18	19	18	8	18	출1	4	18	5	29	8	5	4
19	20	19	9	19	2	5	18	6	30	9	6	5
20	21	20	10	20	3	6	20	7	31	10	7	6
21	22	21	11	21	4	7	21	8	32	11	8	엡1
22	23	22	12	22	5	8	22	9	33	12	9	2
23	24	23	13	23	6	9	23	10	34	13	10	3
24	25	24	에1	24	7	10	24	11	35	14	11	4
25	26	25	2	25	8	11	25.26	12	36	15	12	5
26	27	26	3	26	9	12	27	13	37	16	13	6
27	28	27	4	27	10	13	28	14	38	17	14	빌1
28	29	28	5	28	11.12:1-28	14	29	15	39	18	15	2
29	30	막1	6	롬1					40	19	16	3
30	31	2	7	2					레1	20	17	4
31	32	3	8	3					2.3	21	18	골1

5) 백금산, 「성경, 이렇게 읽읍시다」, 51-63을 참조하여 재구성함.

일\월	4				5				6			
	가정		개인		가정		개인		가정		개인	
1	레4	시1.2	잠19	골2	민8	시44	아6	히6	신5	시88	사33	계3
2	5	3.4	20	3	9	45	7	7	6	89	34	4
3	6	5.6	21	4	10	46.47	8	8	7	90	35	5
4	7	7.8	22	살전1	11	48	사1	9	8	91	36	6
5	8	9	23	2	12.13	49	2	10	9	92.93	37	7
6	9	10	24	3	14	50	3.4	11	10	94	38	8
7	10	11.12	25	4	15	51	5	12	11	95.96	39	9
8	11.12	13.14	26	5	16	52-54	6	13	12	97.98	40	10
9	13	15.16	27	살후1	17.18	55	7	약1	13.14	99-101	41	11
10	14	17	28	2	19	56.57	8.9:1-7	2	15	102	42	12
11	15	18	29	3	20	58.59	9:8-10:4	3	16	103	43	13
12	16	19	30	딤전1	21	60.61	10:5-34	4	17	104	44	14
13	17	20.21	31	2	22	62.63	11.12	5	18	105	45	15
14	18	22	전1	3	23	64.65	13	벧전1	19	106	46	16
15	19	23.24	2	4	24	66.67	14	2	20	107	47	17
16	20	25	3	5	25	68	15	3	21	108.109	48	18
17	21	26.27	4	6	26	69	16	4	22	110.111	49	19
18	22	28.29	5	딤후1	27	70.71	17.18	5	23	112.113	50	20
19	23	30	6	2	28	72	19.20	벧후1	24	114.115	51	21
20	24	31	7	3	29	73	21	2	25	116	52	22
21	25	32	8	4	30	74	22	3	26	117.118	53	마1
22	26	33	9	딛1	31	75.76	23	요일1	27.28:1-19	119:1-24	54	2
23	27	34	10	2	32	77	24	2	28:20-68	119:25-48	55	3
24	민1	35	11	3	33	78:1-37	25	3	29	119:49-72	56	4
25	2	36	12	몬1	34	78:38-72	26	4	30	119:73-96	57	5
26	3	37	아1	히1	35	79	27	5	31	119:97-120	58	6
27	4	38	2	2	36	80	28	요이1	32	119:121-144	59	7
28	5	39	3	3	신1	81.82	29	요삼1	33.34	119:145-176	60	8
29	6	40.41	4	4	2	83.84	30	유1	수1	120-122	61	9
30	7	42.43	5	5	3	85	31	계1	2	123-125	62	10
31					4	86.87	32	2				

일\월	7				8				9			
	가정		개인		가정		개인		가정		개인	
1	수3	시126-128	사63	마11	삿15	행19	렘28	막14	삼상25	고전6	겔4	시40,41
2	4	129-131	64	12	16	20	29	15	26	7	5	42,43
3	5,6:1-5	132-134	65	13	17	21	30,31	16	27	8	6	44
4	6:6-27	135,136	66	14	18	22	32	시1,2	28	9	7	45
5	7	137,138	렘1	15	19	23	33	3,4	29,30	10	8	46,47
6	8	139	2	16	20	24	34	5,6	31	11	9	48
7	9	140,141	3	17	21	25	35	7,8	삼하1	12	10	49
8	10	142,143	4	18	룻1	26	36,37	9	2	13	11	50
9	11	144	5	19	2	27	38	10	3	14	12	51
10	12,13	145	6	20	3,4	28	39	11,12	4,5	15	13	52-54
11	14,15	146,147	7	21	삼상1	롬1	40	13,14	6	16	14	55
12	16,17	148	8	22	2	2	41	15,16	7	고후1	15	56,57
13	18,19	149,150	9	23	3	3	42	17	8,9	2	16	58,59
14	20,21	행1	10	24	4	4	43	18	10	3	17	60,61
15	22	2	11	25	5,6	5	44	19	11	4	18	62,63
16	23	3	12	26	7,8	6	45	20,21	12	5	19	64,65
17	24	4	13	27	9	7	46	22	13	6	20	66,67
18	삿1	5	14	28	10	8	47	23,24	14	7	21	68
19	2	6	15	막1	11	9	48	25	15	8	22	69
20	3	7	16	2	12	10	49	26,27	16	9	23	70,71
21	4	8	17	3	13	11	50	28,29	17	10	24	72
22	5	9	18	4	14	12	51	30	18	11	25	73
23	6	10	19	5	15	13	52	31	19	12	26	74
24	7	11	20	6	16	14	애1	32	20	13	27	75,76
25	8	12	21	7	17	15	2	33	21	갈1	28	77
26	9	13	22	8	18	16	3	34	22	2	29	78:1-37
27	10,11:1-11	14	23	9	19	고전1	4	35	23	3	30	78:38-72
28	11:12-40	15	24	10	20	2	5	36	24	4	31	79
29	12	16	25	11	21,22	3	겔1	37	왕상1	5	32	80
30	13	17	26	12	23	4	2	38	2	6	33	81,82
31	14	18	27	13	24	5	3	39				

일\월	10				11				12			
	가정		개인		가정		개인		가정		개인	
1	왕상3	엡1	겔34	시83.84	왕하14	딤후4	호7	시120-122	대상29	벧후3	미6	눅15
2	4.5	2	35	85	15	딛1	8	123-125	대하1	요일1	7	16
3	6	3	36	86	16	2	9	126-128	2	2	나1	17
4	7	4	37	87.88	17	3	10	129-131	3.4	3	2	18
5	8	5	38	89	18	몬1	11	132-134	5.6:1-11	4	3	19
6	9	6	39	90	19	히1	12	135.136	6:12-42	5	합1	20
7	10	빌1	40	91	20	2	13	137.138	7	요이1	2	21
8	11	2	41	92.93	21	3	14	139	8	요삼1	3	22
9	12	3	42	94	22	4	욜1	140.141	9	유1	습1	23
10	13	4	43	95.96	23	5	2	142	10	계1	2	24
11	14	골1	44	97.98	24	6	3	143	11.12	2	3	요1
12	15	2	45	99-101	25	7	암1	144	13	3	학1	2
13	16	3	46	102	대상1.2	8	2	145	14.15	4	2	3
14	17	4	47	103	3.4	9	3	146.147	16	5	슥1	4
15	18	살전1	48	104	5.6	10	4	148-150	17	6	2	5
16	19	2	단1	105	7.8	11	5	눅1:1-38	18	7	3	6
17	20	3	2	106	9.10	12	6	1:39-80	19.20	8	4	7
18	21	4	3	107	11.12	13	7	2	21	9	5	8
19	22	5	4	108.109	13.14	약1	8	3	22.23	10	6	9
20	왕하1	살후1	5	110.111	15	2	9	4	24	11	7	10
21	2	2	6	112.113	16	3	옵1	5	25	12	8	11
22	3	3	7	114.115	17	4	욘1	6	26	13	9	12
23	4	딤전1	8	116	18	5	2	7	27.28	14	10	13
24	5	2	9	117.118	19.20	벧전1	3	8	29	15	11	14
25	6	3	10	119:1-24	21	2	4	9	30	16	12-13:1	15
26	7	4	11	119:25-48	22	3	미1	10	31	17	13:2-9	16
27	8	5	12	119:49-72	23	4	2	11	32	18	14	17
28	9	6	호1	119:73-96	24.25	5	3	12	33	19	말1	18
29	10	딤후1	2	119:97-120	26.27	벧후1	4	13	34	20	2	19
30	11.12	2	3.4	119:121-144	28	2	5	14	35	21	3	20
31	13	3	5.6	119:145-176					36	22	4	21

:: 60일 성경읽기표[6)]

일	범위	일	범위
1	창1-20	31	렘16-34
2	창21-40	32	왕하23:35-25장,렘35-52
3	창41-50, 출1-11	33	애1-5, 합1-3
4	출12-31	34	대상1-14
5	출32-40	35	대상15-16, 시73-89,105
6	민1-19	36	대상17-21, 시90-104,106
7	민20-36, 레1-4	37	대상22-26, 시107-134
8	레5-27	38	대상27-29, 시135-150
9	신1-20	39	대하1-18
10	신21-34, 수1-5	40	대하19-36:21
11	수6-24	41	단1-12, 겔1-8
12	삿1-16	42	겔9-28
13	삿17-21, 룻1-4, 삼상1-6	43	겔29-48
14	삼상7-20	44	대하36:22-23, 스1-10, 학1-2, 슥1-7
15	삼상21-24,시1-2,4-17,52,54,56,57,59,63	45	슥8-14, 에1-10
16	삼상25-삼하1, 시19-30	46	느1-13, 말1-4
17	삼하2-7, 시31-41	47	욥1-21
18	삼하8-15, 시3,42-51,60	48	욥22-42
19	삼하16-24, 시53,55,58,61-62,64-71	49	마1-28, 막1-16, 눅1-24, 요1-21
20	왕상1-6, 시72, 잠1-15	50	
21	왕상7-11, 잠16-31	51	
22	전1-12, 아1-8	52	행1-16, 갈1-6
23	왕상12-22, 왕하1-10, 옵1	53	행17-18:11, 살전1-5, 살후1-3
24	왕하11-15:22, 욜1-3, 욘1-4, 암1-9	54	행18:12-19:22, 고전1-16
25	왕하15:23-17, 호1-14, 사1-4	55	행19:23-20:3a, 고후1-13, 롬1-6
26	사5-24	56	행20:3b-28장, 롬7-16
27	사25-35, 미1-7	57	골1-4, 몬1, 엡1-6, 빌1-4, 딤전1-6, 딛1-3
28	왕하18-20, 사36-52	58	딤후1-4, 약1-5, 유1, 벧전1-5, 벧후1-3
29	사53-66, 왕하21, 나1-3	59	히1-13, 요일1-5, 요이1, 요삼1
30	왕하22-23:34, 습1-3, 렘1-15	60	계1-22

6) 이애실, 「어? 성경이 읽어지네!」, 부록에 달린 성경읽기표를 재구성함.